EL FOLKLORE DE LOS MOLINOS
Antología literaria, musical, iconográfica y paremiológica en torno a los ingenios harineros

Julio Chocano Moreno

EL FOLKLORE DE LOS MOLINOS
Antología literaria, musical, iconográfica y paremiológica en torno a los ingenios harineros

BIBLIOTECA DE AUTORES MANCHEGOS
DIPUTACION DE CIUDAD REAL

Primera edición: 2025

Edita: Servicio de Cultura. Diputación Provincial
Biblioteca de Autores Manchegos (BAM)
Plaza de la Constitución, 1. 13001 Ciudad Real
Tlf.: 926292575
Web: www.dipucr.es

Cubierta: BAM. Grupo folklórico danzando junto a los molinos de Campo de Crptana.
Fotografía de Sergio Núñez, 2024, director de la *Enciclopedia Audiovisual del Folklore*.

Coordinación editorial: Jesús Reviejo
Colección General, número 246

Imprime: Grafo, S.A.
ISBN: 978-84-7789-422-3
Depósito Legal: CR-106-2025

Impreso en España

A don Ricardo Córdoba de la Llave (Universidad de Córdoba)
y a don Ángel Ramón del Valle Calzado (Universidad de
Castilla-La Mancha), codirectores de mi tesis
doctoral sobre los molinos harineros de río.

«Los molinos fueron centro de bailes y de algazaras alegres
y bulliciosas, a veces en grado demasiado excesivo, hasta
tal punto que la visita al molino por parte de las mozas
resultaba un tanto peligrosa. Esta suerte de danzas se
movía al son de canciones especiales de tema molinero,
de aires por demás graciosos y animados».

JOAN AMADES

ÍNDICE

BIBLIOGRAFÍA Y FUENTES

PRÓLOGO

Hace ya más de veinte años que me atreví a publicar uno de los pocos libros que hacen referencia a la identidad castellano-manchega. En *Cultura y pertenencia en Castilla-La Mancha. Notas antropológicas* (2000) pretendí dejar claro que en la región existen numerosas diversidades culturales. Pero hay representaciones en una gran parte del territorio que se repiten y, por tanto, funcionan como un común denominador de los símbolos identificadores castellano-manchegos por excelencia. Por obra y gracia de la prodigiosa mano de Cervantes, Don Quijote nació en La Mancha y no precisamente para morir, sino para vivir eternamente en la mente de los castellano-manchegos, también de muchos españoles e incluso de muchas más personas por todo el mundo.

La investigación sobre los símbolos de identificación surgió en algún momento de mis viajes por la región, durante la década de los 90 del siglo XX, al observar, desde la carretera, los monumentales molinos de viento, el aliado novelesco de Don Quijote. Los manchegos han logrado que los viajeros puedan identificar la tierra de España por la que viajan, al ver siluetas de Don Quijote y molinos, a veces en concentraciones impactantes, como en Consuegra, Campo de Criptana y Mota del Cuervo. Los «gigantes» complementarios, que Cervantes asoció a las aventuras de Don Quijote, hoy constituyen un símbolo adherido a la identificación de un territorio específico que ocupamos muchas personas.

Con el libro que nos presenta Julio Chocano nos clarifica, entre otras cosas, que el molino es un producto tecnológico, fruto del desarrollo de los pueblos. Un invento que ha sido mejorado desde que el ser humano descubrió, por el Neolítico, que los cereales admitían derivaciones alimenticias al ser triturados. Un invento utilizado por diferentes pueblos. Sin embargo, en Castilla-La Mancha se ha mantenido, cuando en otros lugares apenas existen ya algunas unidades. Pero, en este libro, el autor enfatiza también el carácter icónico del molino en la región. Ha pasado de ser un producto tecnológico, al perder su función original, a formar parte como uno de los símbolos más relevantes de la cultura material ya no solo en La Mancha sino en pueblos fuera de la circunscripción manchega exclusiva. La metamorfosis del molino alcanza a la apropiación que algunas personas de la región hacen de él como símbolo, instalando en su propiedad pequeñas representaciones del mismo. Esta metamorfosis alcanza, incluso, a restaurantes y otros negocios que la utilizan como imagen identificadora de lo genuino.

A decir verdad, el autor sorprende por la profundidad de su investigación. Ha indagado en la historia y nos informa con amplitud de los lugares y la literatura donde el molino también ha sido un elemento mecánico importante. Pero ha ido más allá con el variado refranero que presenta, mostrando así la relevancia del molino en las culturas castellanas, con su picaresca incluida. Y, sobre todo, no deja de ser sorprendente su vinculación con los sancristo-balones, toda una generosa iconografía que enriquece su argumentación. Y no podía ser menos el cancionero seleccionado que incluye con sus letras y partituras. Toda una recuperación histórica que Julio maneja con destreza y agilidad suficiente para hacer impactante su lectura.

No puedo dejar de señalar que la metamorfosis del molino de produc-to tecnológico a simbólico, en Castilla-La Mancha tiene su relevancia. Los molinos constituyen un exponente importante para la vida de estos pueblos porque, a partir de ellos, se ha generado una serie de actividades que afectan a las personas, como sucede en Consuegra con la «Molienda de la Paz». También en Mota del Cuervo se formó y continúa una agrupación llamada «Amigos de los Molinos».

Es en esas líneas donde las instituciones públicas juegan siempre un papel importantísimo. Ayuntamientos y, sobre todo, las diputaciones provin-ciales son relevantes en su apoyo y colaboración, porque todas estas acciones construyen el atractivo cultural. Lo que, al fin y al cabo, funciona como un reclamo para la venta de los productos vinculados a la tierra de origen. Los pueblos tienen todo el derecho y libertad de construir y reforzar los símbolos identitarios con los que puedan estimular el sentimiento de pertenencia.

Felicito al autor por el trabajo realizado sobre el folklore de los molinos y, además, por haber elegido como objeto de su estudio la diversidad cultural de Castilla-La Mancha. No es frecuente que los graduados en Historia de la Universidad de Castilla-La Mancha investiguen sobre este tipo de temas. Doble agradecimiento como castellano-manchego también.

JAVIER GARCÍA BRESÓ
Profesor de Antropología.
Universidad de Castilla-La Mancha

INTRODUCCIÓN

¿Quién no ha empleado alguna vez estas frases y refranes?:

¡Agua pasada no mueve molino!
¡Eso es harina de otro costal!
¡No me hagas comulgar con ruedas de molino!
Metiéndonos en harina...

El molino de agua ha estado presente en la civilización humana más de veinte siglos, por lo que se ha convertido en símbolo de la cultura rural tradicional. El molino de viento es posterior; no obstante, en Persia ya se conocía en el siglo VI (Caro, 1952: 230).

En los países mediterráneos predominó el ingenio fluvial, sobre todo en su forma de «aceña», anterior al uso del rodezno. El de viento correspondió más bien a tierras de amplias perspectivas, como las llanuras del norte de Europa (Redondo, 1989). Aunque existía en las zonas meridionales europeas, aquí sirvió para compensar el estiaje de sus ríos, una vez que los propietarios de los molinos de agua (el estamento eclesiástico, la nobleza y el rey) permitieron su construcción, ya que era directa competencia para sus aceñas.

Tras la inmortal obra de Cervantes, los molinos de viento, aparte de simbolizar la locura de la utopía, también terminaron siendo un icono de La Mancha y, allende nuestras fronteras, de toda España.

Los molinos, tanto los de viento como los de agua, solían estar alejados de los núcleos de población; esta circunstancia los convertía en lugares propicios para la fantasía y para todo tipo de elucubraciones eróticas y sentimentales.

«En un dibujo de Pieter Brueghel el Viejo una bruja cabalga sobre una rueda de molienda. En el grabado *Pereza* (1557), aparece la enigmática figura de un molinero defecando, aunque azuzado por un grupo de campesinos que alancean su trasero, como si el molinero estuviera purgando unos pecados que irritaban sobremanera al pueblo llano (tal vez una alusión a los estereotipos de glotón y ladrón). En el enigmático *Melancolía I* (1514) de Alberto Durero, aparece un *putto* garabateando una tablilla, apoyado sobre una rueda de molino. ¿Se trata quizás de una alegoría de la humanidad, o de la alusión al vicio de la pereza que paraliza a los genios profanos y debe ser exorcizada?» (Hernando, 2012: 255).

Detalle del grabado *Desidia (Pereza)* de Peter Brueghel el Viejo (1557). https://www.meister
drucke.es/impresion-art%C3%ADstica/Pieter-Bruegel-the-Elder/2592/Desidia-(Pereza),-1557.html

Durante la molienda, como ocurría en todas las faenas agrícolas, también se entonaban cantos para amenizar la jornada laboral. En los carnavales y en las bodas los disfrazados se arrojaban harina y salvado[1], como un rito de fertilidad.

Molino y molinero (y molinera o mujer del molinero) dieron pie a la formación de creencias y leyendas que se ampliaron con la aparición del ingenio de viento y la aventura del ingenioso hidalgo manchego ante sus gigantes.

En 1976 el historiador italiano Carlo Ginzburg publicó *Il formaggio e i vermi. Il cosmo di un mugnaio del '500,* en español como *El queso y los gusanos: el cosmos de un molinero del siglo XVI.* Se trata de una de las obras más importantes del movimiento historiográfico conocido como microhistoria y la más difundida de la llamada «nueva historia», habiendo sido traducida a una veintena de lenguas[2]. Ginzburg desarrolla en *El queso y los gusanos* una hipótesis sobre la cultura popular en la Edad Media a partir de los acontecimientos en los que se ve envuelto el molinero italiano.

En la literatura –inicialmente en la popular y, posteriormente, en la culta–, en el teatro, en la canción, en el cine y, al final, en la historiografía, vemos que el molino ha estado presente.

En el actual siglo XXI solo nos queda recoger los últimos testimonios de molineros vivos, evitar la ruina de los edificios molinares, asistir a su posible musealización y disfrutar de las obras que se inspiraron en la molinería.

Se lamentaba Augustin Redondo, en 1983:

«muy poco se ha escrito en castellano sobre las tradiciones folklóricas unidas al universo del molino, del molinero y de la molinera».

Ciudad Real, traje de la vendimia. Fotografía tomada, en 1968, en la sierra de los molinos de Campo de Criptana. Destino: tarjeta postal realizada por Fournier (Vitoria) para la serie "Canciones y danzas de España de la Sección Femenina del Movimiento". En primer término: Consuelo Gascón, componente del grupo de Coros y Danzas de la Sección Femenina, y Luis Prado, componente del citado grupo y director del grupo Mazantini. Archivo de la Asociación de Coros y Danzas "Mazantini" de Ciudad Real.

1
PAREMIOLOGÍA

España es tierra de refranes y Castilla-La Mancha, como tierra de paso y que también acogió desde antaño los rebaños que se dirigían, de modo trashumante, hacia los pastos de invierno, recibió influencias lingüísticas y literarias por esa vía. Son muchos los refranes que nos hablan de molinos y molineros.

Gonzalo Correas (1627), en su obra *Vocabulario de refranes y frases proverbiales*, reúne muchos procedentes del mundo del molino. Los textos de las notas a pie de página son del propio Correas:

Alguacil en andar y molino en moler, ganan de comer.
Al molino y a la esposa, siempre falta alguna cosa.
Al molino y a la mujer, andar sobre él.
A molino picado[1].
Asna con pollino, no va derecha al molino[2].
Burra con pollino no va derecha al molino.
Burra (La) que tiene pollino, no va derecha al molino.
Con agua pasada, no muele molino.
Con agua que pasó, molino no muele.
Con quien tiene molino que andar, no te pongas a solejar[3].
Corriente y moliente[4].
Costal sacudido no da bodigo.
Costal sacudido no entra en molino.
Costal (El) y la talega, lo que le echan eso lleva.
Dinero tenía el niño cuando molía el molino[5].
El abad y su vecino, el cura y el sacristán, todos muelen en un molino; ¡qué buena harina harán![6].
El abad y su vecino, todos muelen en un molino.
El cura y el sacristán, el barbero y su vecino, todos muelen en un molino; ¡y qué buena harina harán![7].
En cuanto la piedra va y vien, Dios dará del su bien[8].
Es negocio corriente y moliente[9].
Estar picado el molino[10].
Fue la vieja al molino; tal vengáis cual ella vino.
Guarte de molino por confín, y de puerco por vecín.
Guay de la molinera que al molinero el agua le lleva[11].

Heredad por heredad, molino de pan, en arroyo, que no en caudal[12].

Las dos hermanas que al molino van, como son bonitas luego las molerán.

Lo que el agua trae, el agua lo lleva[13].

Moler en un molino[14].

Moleras, poco trigo y grandes eras; o muchas eras[15].

Molinero de viento, poco trabajo y mucho dinero[16].

Molinero (El) andando velando gana, que no estándose en la cama; o velando.

Molinero sois, amor, y sois moledor.

Molinillo, casado te veas, que ansí rabeas.

Molinillo, ¿por qué no mueles? Porque me beben el agua los bueyes.

Molino (El) andando gana, que no estando la rueda parada.

Molino (El), mientras anda, gana.

Molino que no anda, no gana.

Molino (El) va al agua.

Molino (El) y el castillo, quien lo quiere vélelo contino.

Moluejo, aquí te hallé, aquí te dejo[17].

Mollina en casa do no hay harina; o mollina para la casa do no hay harina[18].

Muchos perros lamen el molino, y mal para el que hallan.

Muchos perros van a lamer el molino; mal para el que encuentran.

Muchos perros van al molino, y guay[19] del que toman.

Ni molino sin cibera, ni sin fuego la caldera.

No busques pan en el molino del can.

No va por ahí el agua al molino[20].

No venga a la vega lo que desea la rueda[21].

Nunca más perro al molino[22].

Para todos se vuelve la rueda, para mí sólo se está queda[23].

Parece molino y aceña[24].

Parece raudal de molino[25].

Peñazo (El) y la lanterna, de acebuche será buena[26].

Picado está el molino[27].

Piedra santa, piedra santa, que de suyo se anda; no, juras a Dios, por arte del diablo andar vos[28].

Por demás es la citóla en el molino, cuando el molinero es sordo; o por demás es la taravilla, si el molinero es sordo.

Putas viejas, al molino, que este pie tengo dormido.

Quien pierde la señal, pierde el costal[29].

Quien puede, al molino va y muele.

Quien tiene abeja y oveja y molino que trebeja, no te pongas con él a la conseja, o en conseja y contienda[30].

Quien tiene abeja y oveja y muela que trebeja, con el rey pueden entrar en conseja[31].

Quien tiene molino y pie de altar[32], no te sientes con él a solejar.

Quien va al molino y no madruga, los otros muelen y él se espulga.

Quilma de lino, no la lleves a tu molino[33].

Sabe traer el agua a su molino[34].

Tener picado el molino[35].

Traer el agua á su molino[36].

Tras molino picado[37].

Vayase por ahí el agua al molino.

Vino, marido, que no molino, ó que no lino.

No fíes en makila de molinero ni en rrazión de despensero[38].

Kuando te molieres, pagarás lo ke devieres[39].

Zien sastres i zien molineros i zien texedores son trezientos ladrones[40].

En relación con esta acusación, Augustin Redondo (1989) nos advierte de que ese robo específico del molinero llevaba el nombre de «sangría», como lo indicó Gonzalo Correas:

«Sangrar: por hurtar parte de algo, sisar; aplíkase a los molineros que sangran los kostales»[41].

Consuegra (Toledo): molino "Mambrino" y vista de la ciudad. Puerto Lápice-La Mancha: Venta del Quijote, D.L. 1981 (Madrid): Heliotipia Artística Española. 1 fot., col. (tarjeta postal); 10x14 cm. Número de serie: 105. D.L. M-9000-1981, Centro de Estudios de Castilla-La Mancha-UCLM.

A continuación, exponemos los recogidos por dos profesores[42] en su obra *Refranero popular manchego y los refranes del Quijote*:

> *Donde no hay harina, todo es tremolina / Donde no hay harina todo se vuelve tremolina*[43].
> *Dinero tenía el niño cuando molía el molino*[44].
> *El loco al monte, el cuerdo al molino.*
> *El molinero andando gana, que no estándose en la cama.*
> *El que está en el molino es el que muele, no el que va y viene.*
> *Esto es harina de otro costal.*
> *Mi madre es la que muele, y yo me enharino para que diga mi novio que yo he molido.*

En la *Biblioteca de las tradiciones populares españolas*, dirigida por Antonio Machado y Álvarez[45] (Demófilo), podemos encontrar la siguiente sentencia gallega: *Cerroull'a a moleira e quedou ll'o juicio fora*[46]. La traducción sería: *Cerró el molino y se terminó el juicio.*

Mario Hernández (2008) nos presenta otro refrán en gallego: *As que ó muíño van, se son bonitas, logo as moerán*[47], cuya traducción es *Las que al molino van, si son bonitas, luego las molerán*. Hernández añade:

> «No es preciso aludir a la expresión vulgar "pasar por la piedra", que remite con esa piedra a "muela de molino", con referencia a la misma imagen. Moler y cribar se convierten así en sustituciones eufemísticas: "Panadeiriña d'aquesta ribeira, / de día moe, de noite peneira. / Válgate Xuncras o estilo d'a terra, / de peneirar pol-a noite sin vela" (J. P. Ballesteros, *op. cit.*, II, p. 208); dentro del mismo campo simbólico: "cura e máis a criada / ordearon de cocer; / tiñan a leña no monte / e a fariña por moer" (Antonio Fraguas Fraguas, *Cantigueiro de Cotobade*, Sada, A Coruña, Ediciós do Castro, 1998, núm. 727, p. 67)».

En un artículo de Augustin Redondo[48] encontramos las referencias a refranes muy antiguos y con poco cariño hacia los molineros:

> *Ni horno ni molino tengas por vecino*[49].
> *Ni mulo, ni molino, ni señor por vecino*[50].
> *Guarte de molino por confín y de puerco por vecin*[51].
> *Bendígote, sako, i un zelemín te sako; buélvote a bendezir, i sakote otro celemín*[52].
> *Molinero y ladrón dos cosas suenan y una son*[53].

En relación con el primero de los refranes de esta serie, comentamos que hubo dos molinos en el término municipal de Carrión de Calatrava (Ciudad Real), muy cerca de los históricos vestigios de Calatrava la Vieja,

de los que apenas quedan unos restos y el puente asociado, que se llamaron
«de Malvecinos». Suponemos el origen de este topónimo.

En su obra *El molino y el molinero en el refranero*, Germán Díez Barrio
(1989: 178) recopila refranes de molinos, agrupados por el tema principal a
que aluden. En torno al agua, cita los siguientes:

Con agua muele el molino, y el molinero, con vino.
Mientras tiene agua el molino, el molinero bebe vino.
Pide su agua todo molino y todo molinero pide su vino.
Cuando no tiene agua el molino, el molinero no tiene vino.
—Molinico: ¿Por qué no mueles? —Porque me beben el agua los
*   bueyes*[54].
Agua pasada no mueve molino.

En cuanto al tema de la diligencia en el trabajo, el profesor Díez Barrio
(1989: 178) apunta más refranes:

Quien primero viene, primero muele.
Quien al molino ha de andar, debe madrugar.
Quien al molino va y no madruga, los otros muelen y él se espulga.
Quien está en el molino muele; que no el que va y viene.
El molino andando gana.
Molino que no muele no tiene maquila.

El guionista de RNE (1989: 178-180) también nos da noticia de refranes relacionados con la desconfianza hacia los molineros, llegando incluso a
tachárseles de ladrones:

Al molino y por carne, vaya de la casa el más grande.
Huerto y molino, lo que producen no lo digas a tu vecino.
De molinero mudarás, pero de ladrón no saldrás.
De molinero a ladrón no hay más que un escalón; y ése es tan bajo,
*   que lo sube un escarabajo.*
Molinero y ladrón, dos cosas suenan y una son.
De molinero mudarás, pero de robado no escaparás.
Molinero y ladrón, sería caso de admiración.
Maestro de molino, ladrón fino.
Dios nos libre y nos defienda del que hace mala molienda.
Quien dijo maquilar, quiso decir robar.
Quien te maquila, ése te esquila.
Molinero ladrón, no saca maquila, sino maquilón.
Molinero maquilero, ladrón primero.
Cien sastres, cien molineros y cien tejedores, hacen justos trescientos
*   ladrones*[55].

No todo iban a ser sentencias negativas. Díez (1989: 180) también recoge algunas referentes a su trabajo eficaz:

Molinero moliendo y alguacil andando, los dos van ganando.
Espaldas de molinero y puercos de panadera, no se hallan dondequiera.

Hernando (2012: 267) añade algunos refranes relacionados con la opinión sobre los molineros y las malas relaciones entre ellos:

Más vale aceña parada que molinero amigo.
Quiébrese la presa a nuestro vecino y viene más agua a nuestro molino.
La avaricia rompe el saco.

En *Cosas de antaño*, de la bella poblancha Susana Rivero (2003: 51), podemos leer el siguiente refrán que se decía en Puebla de Don Rodrigo (Ciudad Real):

Agua estancada no mueve molino.

Miguelturra, localidad que ha sabido conservar sus costumbres, también es fuente de dichos y refranes que han sido recogidos por María del Castillo González en sus *Cuadernos de Historia Local*:

Agua pasada no mueve molino.
No es oro todo lo que reluce ni harina todo lo que blanquea.
Dios da la harina y el diablo la maquila.
Donde no hay harina, todo es mohína.
Cada uno quiere llevar el agua a su molino.
Ni primavera sin golondrina, ni despensa sin harina.
Quien al molino va, enharinado saldrá.
Huerto y molino, lo que da no lo digas al vecino.
Molino que no muele, algo le duele.
Boca sin muela, molino sin piedras.
Para misa y para el molino, no esperes por el vecino.
Quiébrese la presa de mi vecino, y venga más agua a mi molino[56].
De molinero cambiarás, pero de ladrón no saldrás.
El trigo lo da Dios y la harina el molinero.
Año malo para el molino, bueno para el humo.
Unos nacen para ser trigo y otros para piedra de molino.
Alguacil en andar y molino en moler, ganan de comer.
En buen año o en malo, molinero u hortelano.
El molinero andando gana, que no estándose en la cama.
El que está en el molino es el que muele, no el que va y viene.

2
ADIVINANZAS

No escapan los molinos a esta afición tan nuestra. Siempre nos gustó lanzar acertijos y preguntas ingeniosas, presentándolas como un juego de palabras, en un enunciado, por lo general en forma de rima y, en ocasiones, con fines instructivos. En su publicación *Algunas adivinanzas españolas*, Aurelio M. Espinosa (1952: 7 y 47) recogió, en Castilla, las siguientes:

> *108. Bebe agua*
> *porque no tiene agua,*
> *que si tuviera agua,*
> *bebiera vino.*
> **(El molinero y el molino)**

> *109. Vino no bebo,*
> *porque agua no tengo,*
> *que si agua tuviera,*
> *vino bebiera.*
> **(El molinero y el molino)**

En la monografía del profesor Pedro C. Cerrillo (2000: 83, 184 y 208), titulada *Adivinanzas populares españolas: estudio y antología*, pueden leerse las siguientes, alguna muy parecida a las anteriores:

> *84. Agua bebo*
> *porque agua no tengo;*
> *que si agua tuviera,*
> *vino bebiera*
> **(Molinero)**

> *395. Vueltas y vueltas*
> *doy sin descanso*
> *cuando no bebo,*
> *paro al instante.*
> **(Molino de agua)**

> *476. Vueltas y vueltas*
> *doy sin cansarme,*
> *mas si no bebo*
> *paro al instante.*
> **(Molino de agua)**

En la *Biblioteca de las tradiciones populares españolas* se recogió este acertijo gallego:

> *Que cousa e cousa*
> *que anda e anda*
> *nunca chega á sua casa*
> **(Muiño)**[1]

Susana Rivero (2003: 73) nos obsequia con una adivinanza que hace alusión al principal insumo del molino:

> *Verde me crié,*
> *rubio me cortaron,*
> *rojo me molieron*
> *y blanco me amasaron*
> **(El trigo)**

Literatura en torno a los molinos. Colección del autor.

3
LOS MOLINOS EN LA LITERATURA

En todas las civilizaciones conocidas se generaron multitud de referencias literarias en torno al molino. Asimismo, el formato de producción fue variopinto (pliegos sueltos, transmisión oral, cuento, novela, etc.).

3.1. LA BIBLIA

El libro sagrado para judíos y cristianos nos demuestra la antigüedad de estos ingenios hidráulicos. En el *Antiguo Testamento* aparecen numerosas referencias a los molinos y a sus muelas:

«…y morirá todo primogénito en tierra de Egipto, desde el primogénito del Faraón que está asentado en su trono, hasta el primogénito de la sierva que está tras el molino; y todo primogénito de las bestias» (*Éxodo*, 11:5).

«El pueblo iba, lo recogía y lo molía entre dos piedras de molino, o lo machacaba en el mortero, y lo hervía en el caldero y hacía tortas con él; y tenía el sabor de tortas cocidas con aceite» (*Números*, 11:8).

«No tomarás en prenda la muela del molino, ni la de abajo ni la de arriba; porque sería tomar en prenda la vida del hombre» (*Deuteronomio*, 24:6).

«Mas una mujer dejó caer un pedazo de una rueda de molino sobre la cabeza de Abimelec, y le quebró el cráneo» (*Jueces*, 9:53).

«¿Quién hirió a Abimelec hijo de Jerobaal? ¿No echó una mujer del muro un pedazo de una rueda de molino, y murió él en Tebes? ¿Por qué os habéis acercado tanto al muro? Entonces tú le dirás: También tu siervo Urías el heteo ha muerto» (*2 Samuel*, 11:21).

«Su corazón es duro como piedra, duro como piedra de molino» (*Job*, 41:24).

«Los filisteos lo prendieron y le sacaron los ojos; y llevándolo a Gaza, lo ataron con cadenas de bronce y lo pusieron a girar el molino en la prisión»[1] (*Jueces*, 16:21).

«cuando se cierren las puertas de la calle por ser bajo el sonido del molino, y se levante uno al canto del ave, y todas las hijas del canto sean abatidas» (*Eclesiastés*, 12:4).

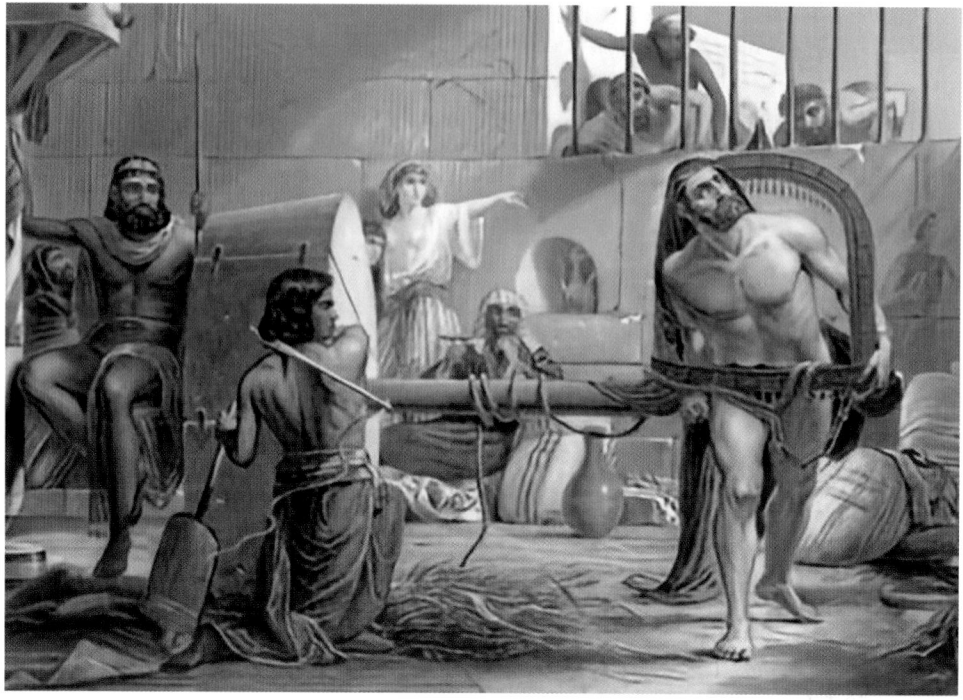

Sansón en la tahona, tras ser cegado por los filisteos. Grabado de Edward Armitage (1817-1896). https://www.etsy.com/mx/listing/692320861/1800s-edward-armitage-grabado-sanson

«Toma el molino, y muele harina; descubre tus guedejas, descalza los pies, descubre las piernas, pasa los ríos» (*Isaías,* 47:2).

«Y haré cesar de ellos la voz de gozo y la voz de alegría, la voz del novio y la voz de la novia, el sonido de las piedras de molino y la luz de la lámpara» (*Jeremías,* 25:10).

«Los jóvenes trabajaron en el molino, y los muchachos cayeron bajo [el peso de] la leña» (*Lamentaciones,* 5:13).

En cuanto al *Nuevo Testamento,* en boca de Nuestro Señor Jesucristo aparecen las siguientes alusiones a molinos:

«Y cualquiera que hace tropezar a alguno de estos pequeños que creen en mí, mejor le fuera que se le colgara al cuello una piedra de molino de asno, y que se le anegara en lo profundo del mar» (*Mateo,* 18:6).

«Dos [mujeres] [estarán] moliendo en el molino; una será llevada y la otra será dejada» (*Mateo,* 24:41).

«Y cualquiera que fuere piedra de tropiezo a uno de estos pequeñitos que creen en mí, mejor le fuera si se le atara una piedra de molino al cuello, y fuera echado al mar» (*Marcos,* 9:42).

«Mejor le fuera, si una muela de un molino de asno le fuera puesta al cuello, y le lanzaran en el mar, que escandalizar a uno de estos pequeños» (*Lucas*, 17:2).

El *Apocalipsis* del apóstol san Juan también nos remite al ruido del molino y a sus piedras:

«Y el sonido de arpistas, de músicos, de flautistas y de trompeteros no se oirá más en ti; ni artífice de oficio alguno se hallará más en ti; ni ruido de molino se oirá más en ti» (*Apocalipsis*, 18:22).

«Entonces un ángel poderoso tomó una piedra, como una gran piedra de molino, y la arrojó al mar, diciendo: Así será derribada con violencia Babilonia, la gran ciudad, y nunca más será hallada» (*Apocalipsis*, 18: 21).

El doctor José Luis Hernando Garrido comenta esta cita bíblica y su posterior representación en los iluminados «beatos» que se confeccionaron en los monasterios:

«En un intrigante pasaje del *Apocalipsis* (XVIII, 21), un ángel arroja una piedra de molino (*lapidem molarem*) al mar, diciendo: "con este ímpetu será derribada Babilonia [*civitas diaboli*]", imagen que será frecuentemente representada en los *beatos* (Escalada, Valcavado, Urgell, Silos y Fernando I), pero resulta una referencia icónica vaga, donde la piedra de molienda –un elemental círculo perforado– ejemplifica el poder descomunal de su justiciero portador agachado en inverosímil postura (Cf. Joaquín Yarza Luaces (2006): "Las miniaturas", en *Beato de Fernando y Sancha*, Barcelona, pp. 250-251)». (Hernando, 2012: 261).

3.2. LA ANTIGUA GRECIA

Las primeras noticias que hablan del relevo de la fuerza manual por la hidráulica nos llegan de Antípatro de Tesalónica, poeta de la Antigua Grecia contemporáneo de Cicerón, quien, hacia el 85 a. C., nos habla de un molino de agua con rueda horizontal, semejante a nuestros rodeznos actuales. Antípatro de Salónica (c. 50 a. C. e inicios del siglo I d. C.) fue autor de cerca de cien epigramas. Apunta el profesor Leal:

«Antípater de Tesalónica cantó su alabanza de los nuevos molinos en el poema que sigue: "Dejad de moler, / ¡oh! vosotras mujeres / que os esforzáis en el molino; / dormid hasta más tarde / aunque los cantos de los gallos / anuncian el alba. / Pues Deméter ordenó a las ninfas / que hagan el trabajo de vuestras manos, / y ellas, brincando a lo alto de la rueda, / hacen girar su eje, que, / con sus rayos que dan vueltas, / hace que giren las pesadas muelas / cóncavas de Nisiria. / Gustamos nuevamente / las alegrías de la vida primitiva, / aprendiendo a regalarnos / con los productos de Deméter sin que trabajemos"». (Recogido por Lewis Mumford, *Técnica y civilización*, Madrid, Alianza Universidad, 1987, p. 132. Versión española de Constantino Aznar de Acevedo)[2].

3.3. EL ROMANCERO CASTELLANO

En la publicación de Federico de Mendizábal *Los romances fronterizos de la provincia de Jaén*[3], se recoge un romance con alusión a los molinos de Huelma[4] que, según el autor, es anterior a 1486; llega a esta conclusión por la belicosa llamada que en él se hace a los habitantes de Moclín, antes de su entrega a Fernando V, por los caudillos árabes, el 17 de junio del citado año. Este romance ya fue recogido por Agustín Durán en el tomo segundo de su *Romancero general*.

> *Caballeros de Moclín,*
> *peones de Colomera,*
> *entre sí han hecho un concierto*
> *de Alcalá robar la tierra;*
> *allá van a hacer el salto*
> *a los **molinos** de Huelma.*
> *Quebrantado han los **molinos**,*
> *los **molineros**s e llevan.*
> *Allí fabló un moro viejo*
> *Que es muy ardid en la guerra:*
> *(...)*

En el *Romancero general*[5] de Juan de la Cuesta de 1604 aparece el siguiente romance con un claro mensaje de la molinera a su marido, considerándolo, despreciativamente, «moledor» aunque parezca molinero:

> *Pareceis molinero amor;*
> *y sois moledor*[6].
>
> *Sois mansito y apazible,*
> *en guardar vuestro molino;*
> *y para con el vezino,*
> *por el cura conuenible,*
> *y para mi tan terrible,*
> *que oyros me da temor,*
> *y soys moledor.*
>
> *Bien se marido que os place,*
> *que el cura os regale a vos,*
> *pero sabelo mi Dios,*
> *por qual de los dos lo haze,*
> *y si a vos os fatisfaze,*
> *a mi me sabe mejor,*
> *y soys moledor.*

Si empeçays estays riñendo
a la comida y la cena,
y despues si os da otra vena,
toda la noche moliendo,
yo con discrecion sufriendo
aplaco vuestro rigor,
y soys moledor.

Y en quanto a mi libertad
teneys noble condición,
meteisme en conuersacion,
de gente de calidad,
y por vuestra habilidad
vendreys a ser gran señor,
y soys moledor.

En otro romance del *Romancero* de Juan de la Cuesta (1604), dedicado a las crecidas del río Tajo, aparece una alusión a las muelas de los molinos y a las inundaciones en el edificio molinar:

De las nubes sacudidas
del fiero viento de Março
y con el agua de Piscis
salio de su madre Tajo.

Y una vez inobediente,
pensó cubrir lo mas alto
del Alcaçar de Toledo,
y del Plus vltra de Carlos.

Desde las sierras de Cuenca
baxó furioso a los llanos,
donde Xarama su amiga,
le suele apretar los braços.

Y mas perdido el respeto,
que si fuera Luterano,
le sacó de sus riberas
los mas antiguos sembrados.
(...)
*Las **ruedas de los molinos**;*
que no resistieron tanto,
huyendo van de sus quicios,

desherradas como esclavos.
(...)
*Lo que descubre el **molino***
es solamente el tejado,
veese el ratón embidioso,
del aue que va bolando
que de los hurtos de noche
oy le pone el cielo en pago,
a la verguença del dia
sin atalle pies ni manos.

Mira el Sol que nunca ha visto
(Astrológo por su daño)
y con el agua a la boca
su culpa confiessa el gato.

*Que del **molino** también*
ocupa el tejado blanco,
que la aduersidad a vezes
haze amigos los contrarios.

Molinos en el río Tajo a su paso por Toledo hacia 1915. Fotografía de Eduardo Hernández-Pacheco. Biblioteca Histórica de la Universidad Complutense de Madrid, Archivo fotográfico Hernández Pacheco.

Se alude a las azudas y molinos toledanos en otro romance, de tema amoroso, del *Romancero* de Juan de la Cuesta:

> *Las aguas tienen su curso,*
> *los arroyos,y los rios,*
> *de contento está la mar*
> *que no cabe en su circuyto.*
> *(...)*
> *La huerta del Rey se alegra,*
> *las azudas y **molinos**,*
> *castillo de Sanceruantes,*
> *de Juanelo el artificio.*

«El molinero de Arcos» es un cuento vulgar hecho romance, en palabras de Agustín Durán, en el segundo tomo de su *Romancero general* (núm. 1.356). En realidad, en el siglo XVIII había aparecido un pliego de cordel así titulado «por un poetastro llamado Pedro Marín» (Wilson, 1977: 41).

El romance-cuento trata de cómo el molinero cobra venganza de la infidelidad de la molinera con el depositario del pósito. Al final, todos contentos. No lo reproducimos por ser demasiado extenso, pero mostramos algunos versos:

> *En esa invicta ciudad*
> *de Arcos de la Frontera*[7]
> *nació un bizarro mancebo,*
> *de una moderada hacienda;*
> *y porque aqueste caudal*
> *el mayor aumento tenga,*
> *arrendó un cierto **molino***
> ***de pan**, en esa ribera*
> *del río de Maja-aceite;*
> *y por no entender la **piedra**,*
> *acomodó un oficial*
> *para que la harina hiciera.*

El romance anónimo núm. 1.140 del *Romancero general* de Agustín Durán se titula «La batalla de Pavía y la prisión del rey Francisco I de Francia». La destrucción de los molinos que se describe en él refleja la importancia de los ingenios harineros.

> *Pensativo el rey francés*
> *da señales de indignado*
> *de ver que el campo de España*
> *hasta Marsella ha calado.*

CANCION NUEVA

DEL

CORREGIDOR Y LA MOLINERA

CHANZA SUCEDIDA EN CIERTO LUGAR DE ESPAÑA

I

En cierto lugar de España
había un molinero honrado,
que ganaba su sustento
en el molino arrendado.
Era casado
con una moza
como una rosa,
y era tan bella
que el Corregidor,

madre, se prendó de ella;
la visitaba y festejaba,
hasta que un día
la declaró el asunto
que pretendía.

II

Respondió la molinera:
—Vuestros favores admito,
pero temo que mi esposo

Pliego de cordel, siglo XIX. Madrid: Imprenta Universal, Travesía de San Mateo, 1. Archivo Menéndez Pidal, Madrid.

Y para vengarse d'esto,
muy gran hueste ha congregado.
(...).
Dentro está Antonio de Leiva
capitán muy esforzado;
resistiendo va al francés,
una puente le ha quebrado,
porque no pudiese entrar
do tenía determinado.
El francés de enojo de esto
*los **molinos** le ha asolado:*
*Leiva, poniendo **atahonas**,*
este daño ha remediado.

3.3.1. Los pliegos de cordel

La literatura popular se expresó en pliegos sueltos desde la invención de la imprenta –a mediados del siglo XV– hasta mediados del siglo XX. Los pliegos de cordel sirvieron para difundir cantares, noticias y todo tipo de relatos que pudieran servir al ciego, impedido o charlatán, que utilizó el pliego de cordel como medio de subsistencia.

3.4. LOS SIGLOS DE ORO ESPAÑOLES

El gran compositor y musicólogo Francisco Asenjo Barbieri anotó en el *Cancionero musical de los siglos XV y XVI* versos de Juan del Encina (1468-1529) que hablan de molinos y batanes:

Moé clavar vuestro molin
y untar bien el batan,
Sin que des pedás de pan
nin torresne de tosin;
Y mon criate Joanin
portarvos cosas tan bellas
que entre todas las doncellas
vos serés mas de mirar[8].

En la obra cumbre de la picaresca hispana, Diego Hurtado de Mendoza (1503/4-1575), autor de *La vida de Lazarillo de Tormes y de sus fortunas y adversidades*, nos relata su nacimiento en un molino y, de paso, hace referencia a la azarosa vida de los molineros de la época:

«Pues sepa Vuestra Merced, ante todas cosas, que a mí llaman Lázaro de Tormes, hijo de Tomé González y de Antona Pérez, naturales de Tejares, aldea de Salamanca. Mi nacimiento fue dentro del río Tormes, por la cual causa tomé el sobrenombre; y fue de esta manera: mi padre, que Dios perdone, tenía cargo de proveer una molienda de una aceña que está ribera de aquel río, en la cual fue molinero más de quince años; y, estando mi madre una noche en la aceña, preñada de mí, tomole el parto y pariome allí. De manera que con verdad me puedo decir nacido en el río.

Pues siendo yo niño de ocho años, achacaron a mi padre ciertas sangrías mal hechas en los costales de los que allí a moler venían, por lo cual fue preso, y confesó y no negó, y padeció persecución por justicia».

Jerónimo de Salas Barbadillo (Madrid, 1581-1635) fue un narrador, dramaturgo y poeta español perteneciente al Barroco del Siglo de Oro. Incluyó en su novela *La sabia Flora malsabidilla* (1621) algunas seguidillas cantadas que celebran, como han de hacer los sainetes del XVIII y del XIX, a las lavanderas y sus bailes a la orilla del río, con soterrada malicia en el uso de palabras que han perdido del todo su inocencia. Muy lejos ya de la elegancia melancólica de Lope, Salas desarrolla una alegoría que, sobre el símbolo central del molino, le sirve para describir en solfa la frenética actividad sexual de unos imaginarios danzarines junto al río (Hernández: 2008).

Las canciones y los refranes han preservado el simbolismo erótico del molino, que el novelista aplica secretamente en su canto. Establecida la comparación, las piedras del molino, su movimiento y el grano que es molido y convertido en harina son todo un símbolo:

Adelgazan la arena
bailando aprisa;
piedras son de molino,
y ellas la harina.

Mas, si viene justicia,
cesa la fiesta;
al fin gustos fundados
sobre el arena.

Mientras bullen bailando,
levantan polvo,
y de aquel polvo se hace
después el lodo.

Bien se ve, Manzanares,
que eres muy seco,
pues que del agua salen
con tanto fuego.

Nuestro gran dramaturgo Tirso de Molina, seudónimo de fray Gabriel Téllez (Madrid, 1579-Almazán, 1648), coetáneo de Jerónimo de Salas, recurrió al «molino de amor» con una composición que recoge algunos versos tradicionales que ya hemos tratado en este libro.

AL MOLINO DEL AMOR

Al molino del amor
alegre la niña va
a moler sus esperanzas;
quiera Dios que vuelva en paz;
en la rueda de los celos
el amor muele su pan,
que desmenuzan la harina,
y la sacan candeal.

Río con sus pensamientos,
que unos vienen y otros van,
y apenas llego a la orilla,
cuando ansí escucho cantar:

Borbollicos hacen las aguas
cuando ven a mi bien pasar;
cantan, brincan, bullen, corren
entre conchas de coral;
y los pájaros dejan sus nidos,
y en las ramas del arrayán
vuelan, cruzan, saltan, pican
toronjil, murta y azahar.

Los bueyes de las sospechas
el río agotando van;
que donde ellas se confirman,
pocas esperanzas hay;
y viendo que a falta de agua
parado el molino está,
desta suerte le pregunta
la niña que empieza a amar:

—Molinico, ¿por qué no mueles?
—Porque me beben el agua los bueyes[9].

Vio el amor lleno de harina
moliendo la libertad
de las almas que atormenta,
y ansí le cantó al llegar:

—Molinero sois, amor,
y sois moledor[10].
—Si lo soy, apártese,
que le enharinaré.

3.4.1. «El entremés» o «La molinera y el cura»

«El entremés», también denominado «La molinera y el cura», es, sin duda, la composición de tema molinar más difundida. El autor de la mayor parte de la producción folklórica suele ser anónimo, pero no es este el caso. Gracias a Luis Díaz Viana *et alii*, sabemos que procede de una obra de Luis Quiñones de Benavente[11] que se conserva en el *Libro manuscrito de entremeses* (Biblioteca Nacional, Durán, folio 35 vto. y 38). Esta pieza es idéntica al romance que tuvo gran difusión, salvo en que el personaje que en ella aparece no es un cura, sino un sacristán. Posiblemente, algún pliego suelto facilitó el paso del entremés a romance[12]. Arcadio de Larrea Palacín recogió en su *Cancionero judío del norte de Marruecos, volumen I: Romances de Tetuán* una versión que bien pudieron llevar consigo los sefardíes al norte de África, lo que abriría un debate en torno a la autoría del entremés de Quiñones de Benavente.

El folklorista Antonio Vallejo (1990: 238) recogió una versión de Miguelturra (Ciudad Real) en su obra *Música y tradiciones populares*. En palabras de Vallejo (1990: 234):

> «ha gustado aquí cantarse siempre en reuniones, así como otros cantares, a modo de jotas, que hacen referencia al tema del molino y oficio del molinero».

La versión cuya letra presentamos se documentó por Jerónimo Anaya en la localidad de Corral de Calatrava[13] y es la que ha venido interpretando el Grupo de Coros y Danzas «Mazantini» de Ciudad Real usando matracas[14] coronadas por las cabezas de los personajes intervinientes.

Siéntate, si estás despacio, te contaré el entremés,
lo que le pasó a un tahonero un día con su mujer,
porque el padre fray Fulano le quiso pisar el pie.
—Déjalo que te lo pise y nos traerá de comer—.
Llevó un pollo emborrizado con mucha azúcar y miel.
A la primera tajada, a la puerta llama Andrés.

—Padre, ese es mi marido; ¿dónde lo metería a usted?
—Méteme en ese costal y arrímame a la pared.
—¿Y si alguien preguntara? —Que ha caído que moler—.
Al tiempo de abrir la puerta, lo primero que se ve.
—Lo que hay en ese costal yo lo quisiera saber.
—Es un poquito de trigo que han traído pa' moler.
—Isabel, tráete el candil, que el trigo lo quiero ver—.
Y al desatar el costal, lo primerito que ve
es la corona del cura y el sombrero calañé*[15].
—Bienvenido sea, el padre, bienvenido sea usted;
tengo la mulilla coja y ha caído que moler—.
Lo uncieron a la una, lo soltaron a las tres.
Y al tiempo de desuncirlo, el cura echó a correr
por una carreterita, que no se le ven los pies.
A otro día muy temprano a misa va la Isabel
y se ha encontrao con el cura (...)
—Bienvenido sea, el padre, bienvenido sea usted;
váyase mañana por casa y nos lleva de comer.
—Vaya el demonio y lo muela, yo no puedo ir...
que en lo que me resta' e vida no me engaña otra Isabel.

En Agudo (Ciudad Real) se ha conservado otra versión, titulada «Isabel», que reproducen Isabel Cabrera y Elia Penas Gutiérrez (1998: 144-145) en su publicación *Agudo, una villa de la Encomienda Mayor de Calatrava*.

En el Archivo de la Tradición Oral (ATO)[16] de la Fundación Joaquín Díaz se han registrado las siguientes versiones:

177 || Julia Pérez Fernández de 60 años | San Vitero (Zamora), 12 de febrero de 1985. || Recopiladores: Pablo Madrid y José Manuel González Matellán. (Archivo del Consorcio de Fomento Musical de Zamora).

25 || Amador Diéguez Ayerbe *et alii* | El Bierzo (León). Ponferrada, Toreno, Oencia, Noc, … || Recopilador: Amador Diéguez Ayerbe.

313 || Loles Alonso | Pollos (Valladolid) || Recopilador: Grupo «La Bazanca».

37 || Modesto Martín Moneo de 61 años de edad | Villabrágima (Valladolid), 1982, || Recopilador: Modesto Martín Cebrián

373 || Teresa Valle, de 69 años, natural de Rebanal. | Rebanal de las Llantas (Palencia), octubre de 1999 || Recopilador: Carlos Antonio Porro Fernández.

420 | Romances. | Saturnina González de 81 años | Soto de Valdeón (León), 6 de julio de 1985 || Observs.: Es otra de las encuestas sobre el romancero realizadas por el Seminario Menéndez Pidal.

494 || Hipólito Rodríguez, de 75 años de edad | Urueña (Valladolid), 1993 y 1994 || Recopilador: Joaquín Díaz

539 || Simona Francés | Borobia (Soria), septiembre de 1997 || Recopilador: Manuel Rodríguez Centeno.

549 || Teresa Valle, de 69 años de edad | Rebanal de las Llantas (Palencia), marzo de 2000 || Recopilador: Carlos A. Porro.

71 || María Gómez, de 55 años | La Pedraja de Portillo (Valladolid), 1977 || Recopiladores: José Delfín Val y Joaquín Díaz.

797 || El señor Nato de 85 años, la señora Cristina, de 73 años, y otra vecina | Villovieco (Palencia), 17 de abril de 1995 || Recopilador: Carlos A. Porro.

3.4.2. *El Ingenioso Hidalgo Don Quijote de La Mancha*

La novela más destacada, tanto de la literatura española como de la literatura universal, tiene, en uno de sus pasajes más famosos, a los molinos de viento como protagonistas del relato. Dado que esa aventura es de sobra conocida, nos remitiremos a otra que ha pasado más desapercibida y que también se sitúa en unos molinos, pero en unos «de agua», los denominados «aceñas» o molinos dotados de una gran rueda vertical adosada al edificio molinar. Esto demuestra la fascinación que estos ingenios provocaban en don Miguel de Cervantes.

En el capítulo XXIX de la Segunda parte podemos leer:

«En esto, descubrieron unas grandes aceñas que en la mitad del río estaban, y apenas las hubo visto don Quijote, cuando con voz alta dijo a Sancho:

—¿Vees? Allí, ¡oh amigo!, se descubre la ciudad, castillo o fortaleza donde debe de estar algún caballero oprimido, o alguna reina, infanta o princesa malparada, para cuyo socorro soy aquí traído.

—¿Qué diablos de ciudad, fortaleza o castillo dice vuesa merced, señor? —dijo Sancho—. ¿No echa de ver que aquellas son aceñas que están en el río, donde se muele el trigo?

—Calla, Sancho —dijo don Quijote—, que aunque parecen aceñas no lo son, y ya te he dicho que todas las cosas trastruecan y mudan de su ser natural los encantos. No quiero decir que las mudan de en uno en otro ser realmente, sino que lo parece, como lo mostró la experiencia en la transformación de Dulcinea, único refugio de mis esperanzas.

En esto, el barco, entrado en la mitad de la corriente del río, comenzó a caminar no tan lentamente como hasta allí. Los molineros de las aceñas, que vieron venir aquel barco por el río, y que se iba a embocar por el raudal de las ruedas, salieron con presteza muchos dellos con varas largas a detenerle; y como salían enharinados y cubiertos los rostros y los vestidos del polvo de la harina, representaban una mala vista. Daban voces grandes, diciendo:

—¡Demonios de hombres!, ¿dónde vais? ¿Venís desesperados, que queréis ahogaros y haceros pedazos en estas ruedas?

—¿No te dije yo, Sancho —dijo a esta sazón don Quijote—, que habíamos llegado donde he de mostrar a do llega el valor de mi brazo? Mira qué de malandrines y follones me salen al encuentro, mira cuántos vestiglos se me oponen, mira cuántas feas cataduras nos hacen cocos... Pues ¡ahora lo veréis, bellacos!

Y, puesto en pie en el barco, con grandes voces comenzó a amenazar a los molineros, diciéndoles:

—Canalla malvada y peor aconsejada, dejad en su libertad y libre albedrío a la persona que en esa vuestra fortaleza o prisión tenéis oprimida, alta o baja, de cualquiera suerte o calidad que sea, que yo soy don Quijote de la Mancha, llamado «el Caballero de los Leones» por otro nombre, a quien está reservada por orden de los altos cielos el dar fin felice a esta aventura.

Y diciendo esto echó mano a su espada y comenzó a esgrimirla en el aire contra los molineros, los cuales, oyendo y no entendiendo aquellas sandeces, se pusieron con sus varas a detener el barco, que ya iba entrando en el raudal y canal de las ruedas.

Púsose Sancho de rodillas, pidiendo devotamente al cielo le librase de tan manifiesto peligro, como lo hizo por la industria y presteza de los molineros, que oponiéndose con sus palos al barco le detuvieron, pero no de manera que dejasen de trastornar el barco y dar con don Quijote y con Sancho al través en el agua; pero vínole bien a don Quijote, que sabía nadar como un ganso, aunque el peso de las armas le llevó al fondo dos veces, y si no fuera por los molineros, que se arrojaron al agua y los sacaron como en peso a entrambos, allí había sido Troya para los dos.

Puestos, pues, en tierra, más mojados que muertos de sed, Sancho, puesto de rodillas, las manos juntas y los ojos clavados al cielo, pidió a Dios con una larga y devota plegaria le librase de allí adelante de los atrevidos deseos y acometimientos de su señor.

Llegaron en esto los pescadores dueños del barco, a quien habían hecho pedazos las ruedas de las aceñas, y, viéndole roto, acometieron a desnudar a Sancho y a pedir a don Quijote se lo pagase; el cual, con gran sosiego, como si no hubiera pasado nada por él, dijo a los molineros y pescadores que él pagaría el barco de bonísima gana, con condición que le diesen libre y sin cautela a la persona o personas que en aquel su castillo estaban oprimidas.

—¿Qué personas o qué castillo dices —respondió uno de los molineros—, hombre sin juicio? ¿Quiéreste llevar por ventura las que vienen a moler trigo a estas aceñas?

—¡Basta! —dijo entre sí don Quijote—, aquí será predicar en desierto querer reducir a esta canalla a que por ruegos haga virtud alguna, y en esta aventura se deben de haber encontrado dos valientes encantadores, y el uno estorba lo que el otro intenta: el uno me deparó el barco y el otro dio conmigo al través. Dios lo remedie, que todo este mundo es máquinas y trazas, contrarias unas de otras. Yo no puedo más.

Y alzando la voz prosiguió diciendo, y mirando a las aceñas:

—Amigos, cualesquiera que seáis, que en esa prisión quedáis encerrados, perdonadme, que por mi desgracia y por la vuestra yo no os puedo sacar de vuestra cuita. Para otro caballero debe de estar guardada y reservada esta aventura.

En diciendo esto, se concertó con los pescadores y pagó por el barco cincuenta reales, que los dio Sancho de muy mala gana, diciendo:

—A dos barcadas como estas, daremos con todo el caudal al fondo.

Los pescadores y molineros estaban admirados mirando aquellas dos figuras tan fuera del uso, al parecer, de los otros hombres, y no acababan de entender a dó se encaminaban las razones y preguntas que don Quijote les decía; y teniéndolos por locos les dejaron y se recogieron a sus aceñas, y los pescadores a sus ranchos. Volvieron a sus bestias, y a ser bestias, don Quijote y Sancho, y este fin tuvo la aventura del encantado barco»[17].

3.5. EL SIGLO XVIII

En este siglo surgieron muchas de las seguidillas que glosamos en esta publicación y de las que no se conoce autor ni fecha concreta, pero la evolución de tan singular composición, de origen manchego, hacia su transformación en bolero, así nos lo indica.

En 1778 Blas de Laserna[18] compuso la tonadilla escénica[19] *El molino y la caza.* El libreto comienza con unas seguidillas:

Molinera: *Cedacito bonito*
cierne la harina
para lograr que salga
blanca y florida.

¡Ay!, cedaci-, cedaci-
cedacito.
¡Ay!, que me arrullo
con tu sonecito.

Aldovera: *Panadero, arbañiles*
y molineros
bamos como los burros
de los yeseros.

¡Ay!, mujerci-, mujerci-
mujercita.
¡Ay!, que gustito
me da tu carita.

3.6. EL ROMANTICISMO

A la escritora y folklorista Fernán Caballero[20], Cecilia Böhl de Faber y Ruiz de Larrea (Morges, Cantón de Vaud, Suiza, 25 de diciembre de 1796-Sevilla, 7 de abril de 1877), se la considera la responsable del despertar súbito del folklore en la región andaluza (Pedrell, 1922: 14).

Partitura de la tonadilla general "El molino y la caza", de Blas de Laserna, compuesta en 1778. Biblioteca Nacional de España.

Fernán Caballero aludió a la dureza de las muelas en una de las redondelas que recogió; en otra alude a la mala fama de los serenos malagueños:

Todo el día estoy alegre,
y, en llegando la oración,
una piedra de molino
parece mi corazón[21].

En Málaga los serenos
dicen que no beben vino
y con el vino que beben
puede moler un molino[22].

Fernán Caballero también recoge una redondela alusiva a un molino de aceite:

La aceituna en el molino
echa aceite y alpechín;
La mujer que quiere á muchos
no puede tener buen fin[23].

3.7. EL MODERNISMO

Ramón José Simón Valle Peña, conocido como Ramón María del Valle-Inclán (Vilanova de Arousa, 1866-Santiago de Compostela, 1936), formó parte de la corriente modernista de España y se adscribe a la Generación del 98. Las alusiones a los molinos, molinera o molinero, troje, maíz, etc. en la obra de Valle-Inclán son constantes[24]; Lavaud-Fage lo constata para la narrativa corta y apunta que hay referencias al molino en *A media noche, El rey de la máscara, Un cabecilla, Hierbas olorosas, La adoración de los reyes, Égloga, Geórgicas y La misa de San Electus*[25]. Leal anota que el novelista gallego lo hace en *Águila de blasón, El embrujado, Divinas palabras, La rosa de papel, Aromas de leyenda, El pasajero, Hierba santa, Jardín umbrío, Sonata de otoño, Flor de santidad, El ruedo ibérico* y *La casa de Aizgorri (Sensación),* entre otros títulos.

En su obra «Los molinos y el ciclo del pan en la obra de Valle-Inclán», José María Leal Bóveda demuestra cómo este gran autor idolatraba los viejos molinos patriarcales y cómo en sus novelas son muy numerosas las alusiones a molineros, molineras y otros personajes relacionados con ellos.

«…no solo citará con extremo rigor conceptual los términos […] que definen la propiedad del Antiguo Régimen, sino que también lo hará con un elemento vital de la economía protoindustrial de esta Galicia: los molinos. Así, son constantes las alusiones a los mismos, llenas de un gran conocimiento tanto de su funcionamiento, localización, etc., como del régimen jurídico-consuetudinario de los distintos tipos de propiedad que pueden tener»[26].

En *Égloga, jardín novelesco*, la pluma de Valle-Inclán nos dibuja el paisaje molinar:

«En una revuelta del río, bajo el ramaje de los álamos, que parecen de plata antigua, sonríe un molino. El agua salta en la presa, y la rueda fatigada y caduca, canta el salmo patriarcal del trigo y la abundancia: su vieja voz geórgica se oye por las eras y los caminos. La molinera, en lo alto del patín desgrana mazorcas con la falda recogida en la cintura y llena de maíz [...]. Las dos aldeanas salmodian en la cancela del molino: ¡Santos y buenos días! ¡La molinera responde desde el patín: ¡Santos y buenos días nos los dé Dios!»[27].

En *La casa de Aizgorri*, podemos leer:

«La roja chimenea de ladrillos se perfiló sobre el cielo, más alta que el campanario de la aldea; el humo negro del carbón de piedra se mezcló con las nieblas del valle y el rumor de la maquinaria inglesa con el rumor del molino patriarcal, donde el agua verde de la presa se plateaba al sol»[28].

3.8. «EL CORREGIDOR Y LA MOLINERA»

El relato tradicional de la molinera y el corregidor recorrió oralmente todos los ámbitos hispánicos, en romancillos de ciego, jácaras, canciones, cuento y proverbio, hasta pasar de su primitiva forma elemental a las más altas elaboraciones artísticas de la novela y el teatro (Ruiz, 2007: 101).

La molinera y el corregidor. https://adarve5.blogspot.com/2013/04/el-corregidor-y-la-molinera.html__

Como ya comentamos, en el siglo XVIII circuló un pliego de cordel titulado «El molinero de Arcos». Estaba inspirado en la octava novela del octavo día del *Decamerón* de Boccaccio, traducida al castellano en 1543. Algunos autores apuntan la teoría del origen alemán de la leyenda (Armistead y Silverman, 1972: 49-69).

Pliego de cordel alemán, del siglo XVI, titulado "Schön new kurzweilig Lied zu lefen und zu singen von einem Edelmann und einem Schumacher" ("Una linda, nueva y entretenida canción para leer y cantar sobre un noble y un zapatero"). Deutsches Volksliedarchiv, Bl. 1306.

Otros pliegos recogieron este romance con ciertas variantes. Paco Mendoza (2001: 91) ha estudiado varias ediciones:

«Tenemos una ed. s.i.t. que parece de comienzos del siglo XIX y otra de la Imprenta Universal [¿principios del XX?], que comienzan *En cierto lugar de España*, más una adaptación en forma de sainete (Barcelona, Imp. De Llorens, [¿c. 1860-1880?]), que empieza *Por mas que digas, Perico*. Otras: Durán 1356 y I, p. XCI, *Calaixera* 153-154, *Pcordel* 39, RTobar 3 y Azaustre 11, 1172 y 1279; con *íncipit Galanes enamorados*: Aguilar 965 y 1270. Vid. Wilson, "*Algunos aspectos...*", pp. 40-41, *Ensayo* 176, 181 y 240, *DPS* p. 124, Marco 91-92, 181 y 246, y *LM* 42».

CANCION NUEVA
DEL CORREGIDOR Y LA MOLINERA:

I.

En cierto lugar de España
habia un molinero honrado,
que gauaba su sustento,
en el molino arrendado:
    era casado
    con una moza
    como una rosa,
    y era tan bella
    que el Corregidor
    se prendó de ella:
    la visitaba y festejaba
    hasta que un dia,
    le declaró el asunto
    que pretendia.

II.

Respondió la Molinera:
vuestros favores admito,
pero temo que mi esposo
nos atrape en el garlito;
    porque el maldito,
    tiene una llave,
    con la cual abre
    cuando es su gusto,
    y si viene y nos coje,
    tendrá gran susto:
    porque es un hombre
    muy vengativo,
    cruel y activo,
    y como le agravien,

Pliego de cordel titulado "Canción nueva del corregidor y la molinera" (principios del siglo XIX), propiedad de Francisco Mendoza Díaz-Maroto.

En algunos pliegos se ubica la acción en la provincia de Huelva. Pedro Antonio de Alarcón oyó referirlo a Repela, un «zafio pastor de cabras que nunca había salido de la escondida Cortijada en que nació». Alarcón continúa relatando en el prefacio de su novela que ese pastor:

> «tuvo a bien deslumbrar y embelesar cierta noche nuestra inocencia (relativa) con el cuento en verso de EL CORREGIDOR Y LA MOLINERA, ó sea de EL MOLINERO Y LA CORREGIDORA, que hoy ofrecemos nosotros al público bajo el nombre más trascendental y filosófico (…) de EL SOMBRERO DE TRES PICOS»[29].

Esta novela fue publicada en 1874 y por esas fechas también se publicaron pliegos de cordel como el titulado «Nueva canción del corregidor y la molinera» (vid. imágenes pp. 45 y 47).

En 1919 daría lugar al ballet homónimo de Manuel de Falla. El éxito de este ballet haría que el compositor gaditano compusiera dos suites orquestales. *La molinera de Arcos*, de Alejandro Casona, inspirada en la obra de Alarcón, fue estrenada en 1947 en el Teatro Argentino de Buenos Aires, donde residía entonces el dramaturgo asturiano.

En el Fondo de Música Tradicional (Institución Milá y Fontanals), entre los trabajos de Pedro Echevarría, podemos disfrutar de la versión de «La molinera y el corregidor» que contiene un mayor desarrollo de la trama. Echevarría anotó:

> «Dictado por la campesina Dominga Gallego Mendoza, de 63 años, natural de Terrinches (Ciudad Real), con residencia en Tomelloso, de la misma provincia. La oyó, en su pueblo natal a sus padres en las faenas agrícolas. Se recogió el 5 [de] junio de 1946» (vid. imágen p. 52).

En la web de la Fundación Joaquín Díaz puede consultarse la versión que fue grabada en 1969 por el excelso folklorista zamorano[30]. Aparte de esta, en la citada fundación se encuentran registradas, ente otras, las siguientes:

105 | | Tecla García, de 86 años. | Olmedo (Valladolid), 2 de agosto de 1984. | | 19. «*En un pueblecito hay un molinero honrado*» (El corregidor y la molinera) (inc).

113 | | Dolores Fernández Geijo, Antonia y Carolina Geijo. Otros informantes como Evangelina Turrado de 66 años de edad de Castrocalbón.| Val de San Lorenzo (León), 15 de enero de 1983. C | | 34. «*En cierto lugar de España, vivía un molinero honrado*» (El corregidor y la molinera) (fragm) (rec).

124 | | Juana Mateos Encina de 73 años y Felicidad Mateos Encina, de 71 | Santa Cruz de Retamar (Toledo), 6 de abril de 1982 | | 5. « ... *de*

Num 75.

NUEVA CANCION
DEL
CORREGIDOR Y LA MOLINERA

En cierto lugar de España
había un Molinero honrado
que ganaba su sustento
en un molino arrendado:
era casado
con una moza
como una rosa
y era tan bella,
que el Corregidor
se prendó de ella;
la visitaba y festejaba
hasta que un día

le declaró el asunto
que pretendía.
Respondió la Molinera:
vuestros favores admito,
pero temo que mi esposo
nos atrape en el garlito;
porque el maldito,
tiene una llave,
con la cual abre
cuando es su gusto,
y si viene y nos coge,
tendré gran susto,

Pliego de cordel de 1859. Colección del autor. Imp. Hospital, 19 - "El Abanico", Barcelona.

la Frontera había un molinero honrado» (El corregidor y la molinera) (inc.) (ATO: Archivo de la Tradición Oral).

131 | *La danza de palos* de Guaza de Campos. | Máximo Cermeño Correas, de 74 años de edad. | Guaza de Campos (Palencia), 19 de noviembre de 1984 | | *La danza de palos* de Guaza de Campos. 20. «*Ay, con el ay, ay, ay, molinero mío*» (Lazo «La molinera» o «el maturranguero») (El corregidor y la molinera).

238 | Romances de Valladolid. | Rosario Revuelta, de 24 años, de Mojados (Valladolid) entre 1978 y 1982 | | 6. «*En la provincia de Huelva hay un molinero honrado*» (El corregidor y la molinera) (7)

313 | Archivo de la Tradición Oral[31]. Pollos (Valladolid), 1980. 18. «*El cura de mi lugar me quiere pisar un pie*» (La molinera y el cura) (inc).

Paco Mendoza recoge varias versiones de «El corregidor y la molinera» en su obra *Introducción al Romancero oral de la provincia de Albacete*:

1. BOGARRA, cantada. Dionisia García, 57 años, o María Rodríguez, 36. J. A. Cid-M. Sutherland-A. Valenciano, 28.06.1978 (Encuesta Sur-78). *En Jerez de la Frontera / (y) un molinero afamado / celebran el receso / con un convite.*
2. EL BONILLO. Pablo, de cincuenta y tantos años, y Rica Martínez, de 82. Catalán-Galmés, octubre de 1947. *En Jerez de la Frontera / un molinero afamado / viva este molinico / que esto no muela.*
3. MESONES (Ayuntamiento de Molinicos). María Dolores Morcillo, 39 años. MLara. … *La visitaba, / la cortejaba / que mi amo ya hace rato / que está en su cama.*

Una versión de «El corregidor y la molinera» puede encontrarse en el Fondo de Música Tradicional IMF-CSIC (Concurso C11-035). En la primera pieza del cuaderno núm. 3 «Romances y mayos» del Concurso 11 de Pedro Echevarría se encuentra la citada versión amplia. Se corresponde con el

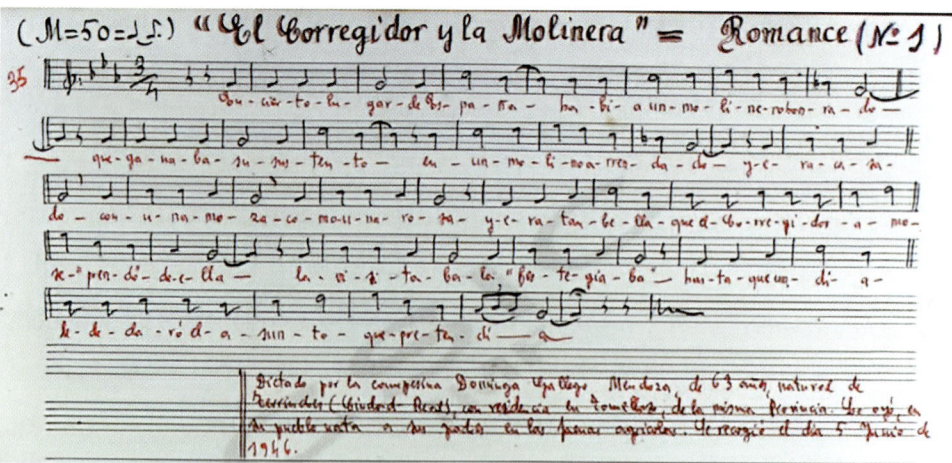

Partitura manuscrita de Pedro Echevarría para el concurso 11 de 1946. Emilio Ros-Fábregas, Ana Mónica Hernández Pichardo, "El corregidor y la molinera", Fondo de Música Tradicional IMF-CSIC, ed. E. Ros-Fábregas (8 de marzo de 2023). https://musicatradicional.eu/piece/26201

contenido de los cuadernillos de la parte literaria de romances y mayos que adjuntó Echevarría como material adicional.

Reproducimos la versión terrinchosa recogida por Echevarría:

ROMANCE DEL CORREGIDOR Y LA MOLINERA

En cierto lugar de España
había un molinero honrado
que ganaba su sustento
en un molino arrendado,
era casado
con una moza
como una rosa
y era tan bella
que el corregidor,
madre, se prendó de ella;
la visitaba, la festejaba
hasta que un día
le declaró el asunto
que pretendía.
Respondió la molinera:
—Vuestros favores admito,
pero temo que mi esposo
nos atrape en el garlito
porque el maldito
tiene una llave,
con la cual abre
cuando es su gusto,
y si viene y nos coge
tendré gran susto;
porque es un hombre
muy vengativo
cruel y altivo,
y como le agravien
no se le hará ninguno
que no la pague.
Respondió el corregidor:
—Yo puedo hacer que no venga,
enviándole al molino
cosa que allí le entretenga
pues como digo,
será de trigo
porción bastante

que lo muela esta noche
que es importante,
para una idea
que tengo oculta
bajo la multa
de doce duros,
y con esto podremos
estar seguros.
Consintió la molinera
y luego sin más porfía
el corregidor dispuso
todo lo que dicho había.
Pero aquel día
al ocaso vino
a este molino
un pasajero
que tenía el oficio
de un molinero;
viendo la orden,
le dijo airoso:
—Si usted está ansioso
por irse, amigo,
váyase, que sin falta
moleré el trigo.
Le agradeció el molinero
y arrancó como un cohete,
y a las doce de la noche,
llega a su casa y se mete
en su retrete,
cuando en la cama
vio a la dama
sin mucho empeño
y al corregidor
que ambos están
dados al sueño
y en una silla
muy recogido
todo el vestido
sin faltar nada
reloj, capa, sombrero,
bastón y espada.
El molinero se puso
con contento y alegría

del corregidor el traje
y dejó el que tenía
Toma la guía
para su casa
por ver si pasa;
llamó a la puerta,
le abrió el criado
que estaba alerta
y como iba
tan disfrazado
sin ser notado
entró en la cama
con la corregidora
que es linda dama.
Despertó el corregidor
y ver la hora procura,
pero al buscar el reloj
extraña la vestidura.
Con amargura
la molinera
toda se altera
y ha respondido:
—¡Ay, señor!
que es la ropa
de mi marido.
yo no sé ahora
dónde me oculte
o me sepulte
que él no lo entienda,
yo me voy con usía
que me defienda.
El corregidor, temblando
que el delito le acobarda,
en vestirse no se tarda
para volverse a su casa.
Con capa parda
toda girones,
chupa y calzones
con mil remiendos,
las polainas atadas
con unas vendas,
y unas albarcas
de piel de vaca,

25

Se estuvieron a la puerta
de buena o de mala gana
hasta la nueve del dia
los dos toda la mañana.
  Suerte tirana,
  pues el cuitado,
  muy afrendado
  con gran paciencia
  sufrió tras de los cuernos
  la penitencia;
  ella lo mismo
  en compañía,
  pues no sabía
  dónde cubrirse
  hasta que el molinero
  quiso vestirse.
Viendo la corregidora
que aquel no era su marido,
se arrojó de la cama
cual león enfurecido.
  Dijo:—Atrevido,
  ?cómo has entrado
  y profanado
  mi gran decoro?
  ?Quién le dió el traje
  de mi marido,
  que me has perdido?
  Y con gran modo
  la respondió:
  —Allá fuera
  lo sabrás todo.
Se salieron a la calle,
y cuando todos se vieron,
perque nadie lo notase
en la casa se metieron.
  Y dispusieron,
  como hombres sabios,
  que sin agravios,
  por el desquite,
  se celebre el suceso
  con un convite;
  con el dinero
  hay más corregidores
  que molineros.
//////////////////////////////////

Este Romance lo ha dictado Dominga Gallego Mendoza, de 63
años de edad, natural de Terrinches(Ciudad-Real) y con re-
sidencia en Tomelloso. Fue recogido el 5 de junio de 1946 en
esta ultima ciudad. Lo oyó en su pueblo natal, a sus padres en las faenas agrícolas.

"El corregidor y la molinera". Hoja mecanografiada por Pedro Echevarría para el concurso 11 de 1946. Fondo de Música Tradicional. https://musicatradicional.eu/sites/default/files/images/c11rt_1.pdf

con una estaca,
[y] una montera,
se fue a su casa
y síguele la molinera.
Llegó llamando a la puerta
y nadie le respondió;
tanto llamó que de dentro
preguntan, qué se ofrecía.
Y él les decía
a grandes voces:
—¿No me conoces
que soy tu amo?
¿Cómo no abres la puerta
cuando te llamo?
Dijo el criado:
—Calle y no muela,
vaya a su abuela
con ese trama (sic);
¡Ea, calle!, porque mi amo
está durmiendo
ahora en su cama.
Se estuvieron a la puerta
de buena o de mala gana
hasta la nueve del día
los dos toda la mañana.
Suerte tirana,
pues el cuitado,
muy afrendado
con gran paciencia
sufrió tras de los cuernos
la penitencia;
ella lo mismo
en compañía
pues no sabía
dónde cubrirse
hasta que el molinero
quiso vestirse.
Viendo la corregidora
que aquel no era su marido,
se arrojó de la cama
cual león enfurecido.
Dijo: —Atrevido,
¿Cómo has entrado

y profanado
mi gran decoro?
¿Quién le dio el traje
de mi marido,
que me has perdido?
Y con gran modo
la respondió:
—Allá fuera
lo sabrás todo.
Se salieron a la calle,
y cuando todos se vieron,
porque nadie lo notase
en la casa se metieron.
Y dispusieron,
como hombres sabios,
que sin agravios,
por el desquite,
se celebre el suceso
con un convite;
con el dinero
hay más corregidores
que molineros.

Este relato adquirió popularidad con los grupos de música folk Jarcha –en 1977– y Nuevo Mester de Juglaría –en 1980–. Jarcha también grabaría «La molinera», al final de su disco *Cadenas*, en 1976.

3.9. CUENTOS DE MOLINOS

Antonio Lorenzo Vélez (1992: 147-156) denomina «El enigma del molinero» un cuento que corresponde al Tipo 922 B del Índice Internacional elaborado por Antti Aarne[32], conocido como «La cara del rey en la moneda». Se trata de un relato bien documentado en el área mediterránea: Italia (cinco versiones de Sicilia), Checoslovaquia (cuatro versiones), Yugoslavia (una versión) y Grecia (una versión). La tradición hispánica cuenta con dos versiones españolas, cuatro sefardíes y seis portuguesas. Esta es la versión recogida en Navarredonda (Madrid):

«Un molinero no tenía agua para moler y resulta que el rey y su camarilla fueron de cacería y se refugiaron en el molino, porque se lio una tormenta muy grande. Entonces, el molinero le dijo:
—Mire su majestad, yo le haría comida, pero es que no tengo casi dinero, ni comida, ni eso... Pero, bueno, le voy a poner unos tallarines.

Le puso la comida y le sirvió agua en vez de vino. Y le dijo el molinero:

—Si tuviera agua, le daría vino; pero como no tengo agua, le doy agua.

El rey se quedó pensativo y decía:

—¿Qué pasará? ¿Por qué dirá este señor que no tiene agua y nos da agua y, si tuviera agua, nos daría vino?

Bueno, pues él se quedó pensando eso, pero, a la sazón, le dijo el rey:

—Esto no se lo dirá usté a nadie en lo que no vea mi cara cien veces: si no, será ahorcado.

Había uno medio tontuelo en el pueblo que se quería casar con una hija del rey y, claro, ella también estaba enamorada y no había posibilidad de que le desviaran de él. Por lo que el rey le dijo al tonto:

—Pues mira, tienes que ir a saber el significado que tiene esta cosa [el acertijo del molinero]. Si no nos lo traes bien leído, serás ahorcado. Te doy cien monedas de oro cuando eso... Pero tú te las llevas antes. Si traes el acertijo, bien y, si no, serás ahorcado.

Entonces el hombre, venga a andar, venga a andar... y ya estaba desesperado porque nada le daba resultado. Al final, llega al molino donde había estado el rey y dice:

—¡Ah! Mire usted, señor molinero, que yo quisiera saber un significado, que el rey me manda este mensaje y si no se lo llevo me va a matar; y, si no, pues me voy a casar con su hija; y me ha dado cien monedas de oro.

Y le contesta el molinero:

—Pues oiga usted: si me enseña las monedas de oro, a lo mejor le puedo dar el significado ese que usted dice.

Entonces, el hombre echa encima de la mesa las monedas de oro. Y el molinero, tras ver las cien monedas de oro con la cara del rey, le desvela el significado.

Ya viene el tonto con la cosa al rey. Y el rey, que lo quiere matar, le pregunta quién le ha dicho eso. Y le dice que se lo ha dicho, claro, el molinero. Entonces le quita las monedas de oro al tonto. Conque va a buscar al molinero con cuenta de matarlo.

—Bueno, yo le advertí que hacía usted una promesa de que no tenía que decir esto a nadie en lo que no viera cien veces mi cara.

Y dice el molinero:

—Pues mire su majestad, aquí está el testigo, que es el mejor. Él ha visto cómo su majestad me dijo que tenía que ver cien veces la cara de S.M. antes de decírselo a nadie. Yo he visto aquí cien monedas de oro con la cara de S.M., su retrato, así que, S.M. verá.

Entonces, el rey premió al molinero por listo. Este se quedó con las monedas y le dijo el significado, porque el rey no sabía el lío:

—Yo a S.M. le dije que, como no tenía agua, le daba agua y, si hubiera tenido agua, le daría vino. Es porque el molino no muele: no tiene agua, pues no tengo dinero. Yo a usted no le podía dar vino, porque no tenía dinero.

Al final, el molinero se quedó con el dinero y el tonto se llevó a la hija del rey».

Joaquín Díaz nos obsequia con un cuento denominado «El cura y la molinera»[33] en la web de la fundación que lleva su nombre.

«Pues esto era un cura que estaba siempre detrás de la molinera, y, en cuanto no estaba el molinero, pues iba al molino pa' pasar la noche con ella, y se llevaba con él al monaguillo por si venía alguien, que le avisara. Conque, una noche, llegaron dos ladrones y les pillaron al cura y a la molinera. Y dijo uno de los ladrones:

—¿Y qué hacemos con estos dos?

Y dijo otro:

—Pues nada, atadles detrás de la mula, y ¡a moler!

—¿Y con el chico?

—Pues a ese ponerle una vela y que nos alumbre mientras robamos.

Conque así fue. Y, al día siguiente, en Misa, se vuelve el cura y dice: [cantando en modo litúrgico]

—Anoche por ser Noche de San Andrés, nos hicieron moler a tres.

Y contesta el monaguillo: [cantando igualmente en modo litúrgico]

—Yo no sé si eran tres o eran dos o era uno, el caso es que toda la noche estuve con el candil «colgao» en el culo»[34].

4
LAS ZARZUELAS

El género español por antonomasia ahora se encuentra en plena decadencia, a pesar de los esfuerzos de la asociación ACAZ[1] de La Solana (Ciudad Real) que, anualmente, desde 1984, celebra una Semana de la Zarzuela que en 2024 celebró su 41ª edición. Sin embargo, fueron miles los libretos que vieron la luz desde su aparición en el siglo XVIII, disfrutando de su esplendor máximo en la centuria decimonónica.

Estas zarzuelas y operetas tuvieron al molino como eje central de su trama:

- *Molinos de viento*
- *La pícara molinera*

Molinos de viento es una opereta, en un acto, dividida en tres cuadros, con libreto de Luis Pascual Frutos (1872-1939) y música del maestro Pablo Luna (1879-1942), que se estrenó en el teatro Cervantes de Sevilla el 2 de diciembre de 1910, por no encontrar empresario en Madrid. El rotundo éxito conseguido, en gran parte debido a la bella partitura de Luna, hizo que el teatro Eslava de Madrid, considerado feudo de Vicente Lleó, comprara los derechos para representarla[2]. La acción se sitúa en Volendan, un pequeño pueblo marinero de Holanda, en la época contemporánea del estreno (1910)[3].

La pícara molinera es una zarzuela con música de Pablo Luna y libreto de Ángel Torres del Álamo y Antonio Asenjo Pérez, basada en la novela de ambiente asturiano *La Carmona*[4], de Alfonso Camín. Se estrenó el 28 de octubre de 1928 en el teatro Circo de Zaragoza y el 29 de diciembre del mismo año en el teatro Apolo de Madrid. Se estructura en tres actos. La referencia molinar en sus romanzas es la siguiente:

DÚO DE PONDALA Y JUAN

*Esta noche tengo de ir
al molino, molinera,
a ver una moza guapa
que en el molino me espera.*

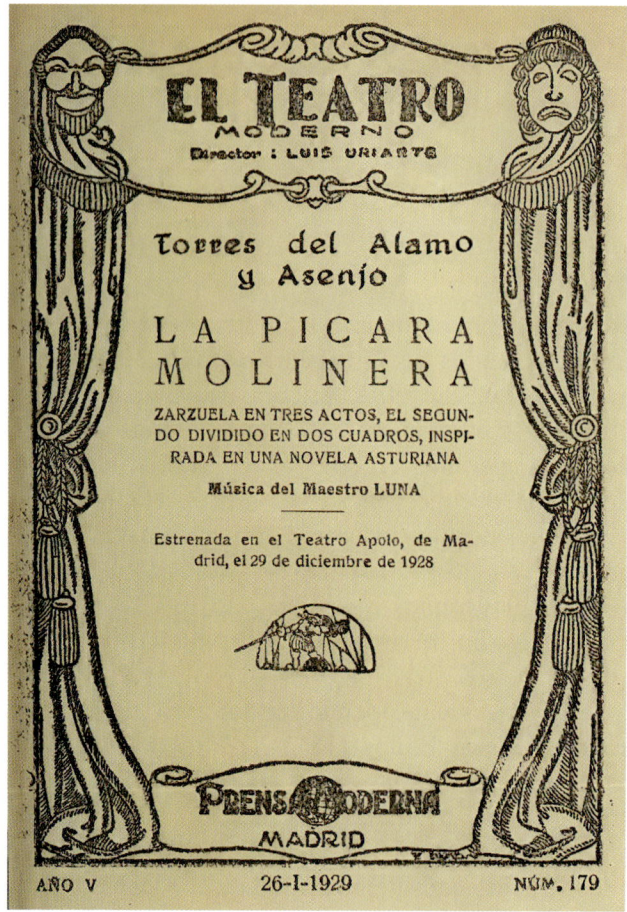

Portada del libreto de la zarzuela *La pícara molinera*, de
Ángel Tores del Álamo y Antonio Asenjo Pérez. con música
del masestro Pablo Luna, Madrid, Prensa Moderna, 1929.

5
ICONOGRAFÍA MOLERA
DE LOS SANCRISTOBALONES

Cuando, en 2018, tras retirar los revocos de yeso de unos muros, aparecieron sendas pinturas de San Cristóbal con una piedra de molino en su brazo, en el templo parroquial de Moral de Calatrava y en la ermita de San Justo y San Damián de Bolaños de Calatrava, se me antojó un interesante tema de estudio. Ello me llevó a presentar una comunicación en el XI Congreso Internacional de Molinología, celebrado en Palma de Mallorca durante los días 18 a 20 de octubre de 2018. Años después, cayó en mis manos un artículo de Gabriel Llompart en el que el investigador mallorquín ya había tratado esta singular iconografía.

Las piezas más caras del molino –las muelas– formaron parte de una determinada representación de san Cristóbal, santo cuya imagen quedó fijada a partir de la «Leyenda Áurea» o *Legenda Sanctorum* del dominico Santiago de la Vorágine, a mediados del siglo XIII. Me refiero a su forma mural o escultural portando una muela o piedra de molino, como símbolo de fortaleza ante el peso del mundo.

Las tradiciones paganas utilizaban a dioses y héroes, desde el Eneas grecorromano al Anubis egipcio, como psicopompos o portadores de las almas de los difuntos hacia la ultratumba. Ese carácter heroico se funde con la función conductora de Caronte, barquero de Hades, utilizando el río como vehículo que nos lleva al más allá. San Cristóbal es el santo al que uno se encomienda en caso de muerte súbita, así como el patrón de barqueros y constructores de barcos (García Cuadrado, 2000).

Sus imágenes fueron colocadas en viviendas y, frecuentemente, en puentes; estas pinturas con frecuencia presentaban la inscripción: «Quien contemplare la imagen de San Cristóbal no desmayará o caerá en este día». La figura de san Cristóbal estaba presente en muchos templos como imagen que acogía a los peregrinos. En las zonas de paso de catedrales y grandes edificios religiosos el Sancristobalón recibía, a su llegada, a los que habían realizado el recorrido para llegar hasta el templo. Asimismo, existen numerosos dichos populares aludiendo a que, al mirar su imagen, se está fuera de peligro durante todo ese día; por ejemplo: «Si del gran San Cristóbal hemos visto el retrato, ese día la muerte no ha de darnos mal rato». Por toda Europa circularon estampas con la leyenda «Quienes contemplen este rostro, no perecerán en días de mala muerte» (Acedo, 2019).

La vida del personaje se desarrolla en Asia Menor, curiosamente la península en donde están datados los molinos hidráulicos más antiguos que se han encontrado, en torno al siglo I a. C.; san Cristóbal, cananeo de origen, luchó contra los persas a las órdenes del emperador Gordiano, convirtiéndose al cristianismo en tiempos de Filipo; hizo su predicación en Licia (al sur de Anatolia). En tiempos del emperador Ducio fue encarcelado y posteriormente sometido a martirio: puesto sobre ascuas encendidas, rociado con aceite, saeteado y, finalmente, decapitado. En otras versiones, Cristóbal (conocido por varios nombres) es el hijo de un rey de Canaán, de Arabia o de un lugar inconcreto del Asia Menor, que había desarrollado gran estatura y fuerza pero que, buscando el señor más poderoso a quien servir, queda desilusionado; hasta el mismo demonio le defrauda porque descubre que teme al Crucificado. Entonces Cristóbal decide buscar a este Señor y, mientras le busca, desempeña el oficio de portear a las personas que quieren vadear las crecidas de un río. Y, así, ocurre el encuentro con el Niño Portador del mundo:

> «Falló un niño cerca de la ribera, e rogó muy afincadamente a Christóval que le pasase, e Christóval, tomando el niño en sus ombros e el blago en su mano, entró en el río para pasar allende. E ahevo el agua del río que crecía poco a poco, e el niño pesava así como plomo, e quanto más iva adelante más crecía el agua, e el niño sie[n]pre pesava más, en manera que Christóval viose en grand peligro, e en muy grand angustia, en manera que avía miedo de perescer»[1].

Al poco tiempo de portearlo, Cristóbal parecía llevar todo el peso del mundo sobre sus hombros. El portentoso Niño se dio a conocer como el Creador y Redentor del mundo y, para demostrar su divinidad, ordenó a Cristóbal fijar su bastón en el lecho del río. A la mañana siguiente, el bastón se había transformado en una palmera llena de fruto; el milagro convirtió a muchos, lo que provocó la ira del rey Dagnus de Samos, en Licia[2].

En esta versión su fe le acarreó igualmente el martirio, muriendo decapitado.

La representación más común de San Cristóbal es la de un gigante caracterizado como peregrino y porteador de personas. El rostro aparece barbado, a veces tocado con un sudario, cubierto con un manto sobre una saya, remangada hasta las rodillas, sujeta por un cinturón en el que lleva prendidos a los pasajeros. Lleva a hombros al Salvador Niño, que porta el orbe, y se apoya en una palmera a modo de cayado. Es habitual también la representación de los peces del río entre sus piernas sumergidas y, en ocasiones, del ermitaño con linterna en la otra orilla. En muchas de las representaciones medievales cuelga de su brazo una gran piedra de molino, posiblemente alusiva a su fortaleza (Manzarbeitia, 2009).

5.1. EL SANCRISTOBALÓN DEL NORTE

Afirma Alberto Santana[3] que, hacia el año 1300, en algún lugar entre Burgos y La Rioja, se inventó una curiosa iconografía de san Cristóbal que no tiene paralelismos en ninguna otra región del orbe cristiano. El historiador vasco indica que, para simbolizar la fuerza colosal de este «poderoso Obélix sagrado», se le representaba llevando una muela de molino ensartada en su antebrazo izquierdo, a modo de descomunal brazalete. También relata Santana que san Cristóbal tiene dedicadas decenas de ermitas en Euskal Herría, proponiendo su santificación como patrón de los *harrijasotzaileak* –practicantes del levantamiento de piedras– incluso de todos los *herri kirolak* (deportes rurales vascos).

5.1.1. Iglesia de San Andrés (Concejo de Cotillo, Anievas, Cantabria)

En la fachada principal de este singular templo se halla un altorrelieve de san Cristóbal portando en hombros al Niño, enmarcado en una hornacina bajo arco cuyas jambas están decoradas por figurillas; fechada en 1394, según

Sancristobalón de la iglesia de San Andrés de Cotillo (Anievas, Cantabria).

Santana, esta hornacina pudo provenir de alguna ermita cercana derruida[4]. Se trata de una ruda imagen colocada tras las reformas que sufrió la construcción. En el templo, la imagen principal y el retablo también tienen como personaje principal a san Cristóbal.

El Sancristobalón pétreo sujeta con su mano derecha un tronco o bastón unido por su parte superior a la piedra en que se talla el relieve; sobre su hombro izquierdo lleva la imagen del Cristo-Niño, sosteniéndole con su brazo. A su cintura están asidos dos personajes. Llompart, a partir del análisis del teatro religioso bajomedieval, demostró que estos representaban a los caminantes a los que el santo auxiliaba en el vadeo del río, subrayando, de esta manera, su condición de protector de los peregrinos.[5] Algún autor ha afirmado que la figura no es románica, puesto que se halla tapando una inscripción del siglo XIV.

5.2. LOS SANCRISTOBALONES DE LA MESETA

5.2.1. Catedral de Burgos

Entrando por la puerta Sur o del Sarmental nos encontramos con un cuadro mural de san Cristóbal de unos cinco metros de alto, del que se

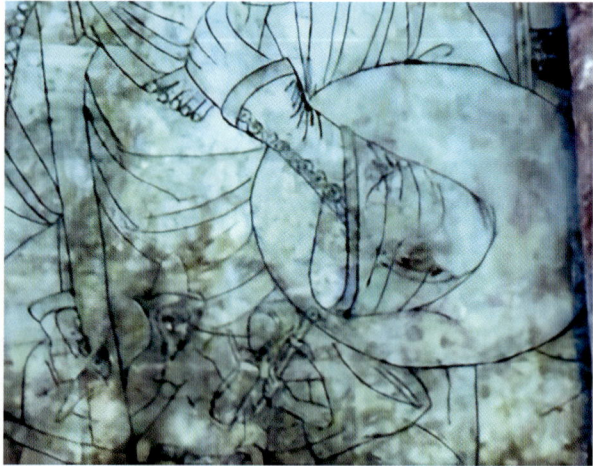

Izquierda, Sancristobalón de la Catedral de Burgos y detalle (derecha).

desconoce su autoría, que podría datarse en el siglo XVIII. Entre los años 2004 y 2005 se procedió a la limpieza del brazo sur de la catedral por parte de la empresa CPA. Al retirar el enlucido se encontró la silueta de otro Sancristobalón, junto al cuadro mencionado, en el mismo muro, que podría ser del siglo XIV, de mayores dimensiones que el del mural. Carecía de policromía y se le aplicó una capa de paraloid, repasando los trazos de la imagen. Contenía restos de tierra de almagra, pero no correspondían a su policromía. Debajo de esta silueta, antiguamente, se encontraba «el poyo de san Cristóbal», lugar desde el que se impartían justicias menores al clero.

5.2.2. Retablo de San Cristóbal en el Museo del Prado

Fue adquirido por José Luis Várez Fisa en el mercado de arte madrileño, por lo que se carece de información precisa sobre su origen; se trata, indudablemente, de una obra castellana y todo apunta a un origen riojano en relación con el arte del foco burgalés. Podría proceder de un monasterio benedictino de La Rioja al incluir una escena de la vida de san Millán. El león y el castillo, que se repiten en el marco de la obra, simbolizan los reinos de Castilla y León y sugieren que la obra pudo haber sido destinada a una fundación real. Está datada a finales del siglo XIII.

Fotografía del retablo, anterior a 1970, cuando aún se encontraba repintado, y fotografía del retablo, de 1974, sin el repinte, cuando aún se encontraba sin restaurar.

La pieza ingresó en el Museo del Prado en 1969 a través de la donación del citado coleccionista. En el momento de su adquisición se encontraba
cubierta por un repinte del siglo XVIII que mostraba una Sagrada Familia y
que, al ser levantado en 1970, dejó a la vista la película pictórica original en
buen estado de conservación. En efecto, solo presentaba los deterioros habituales
en las juntas de las tablas, y únicamente la zona del remate estaba afectada
por lagunas de más entidad. Una vez convenientemente restaurada en 1975,
resultó el magnífico exponente del estilo gótico lineal que ahora nos es dado
admirar. Su mera existencia y su integridad hacen de este retablo una pieza
excepcional, pues contamos con poco más de una veintena de ejemplares de
pintura sobre tabla del gótico lineal procedente de la antigua Corona de Castilla,
extraordinariamente dispersos y, en la mayor parte de las ocasiones, incompletos.

Retablo de San Cristóbal. Anónimo. Escuela Española.
Cronología: Siglo XIV. Temple sobre tabla, 266 cm x 184
cm. Museo Nacional del Prado. Procedencia: donación
de José Luis Várez Fisa, 1970. http://www.foroxerbar.com/
viewtopic.php?f=90&t=14549

Los temas que son representados apuntan a una iglesia parroquial o a algún convento o priorato abierto al común de los fieles, como destino originario más probable.

El pintor representa a san Cristóbal en posición frontal, apoyándose en un árbol con la mano derecha y con una piedra de molino en la mano izquierda, mientras está cruzando el río, materializado por los peces y anguilas que se mueven entre sus piernas desnudas. Tiene la saya recogida en el cinto, en el que sujeta a dos figurillas –caminantes a los que ayuda a vadear el río– y lleva sobre sus hombros al Niño Jesús, al que agarra por una pierna. La inscripción –GE[S]US XPS– situada en la banda que delimita la parte superior del encasamento central del retablo identifica a Jesús, que lleva el orbe en la mano izquierda mientras bendice con la derecha. El estilo que muestra este Retablo de San Cristóbal, ejemplo destacado de la pintura de estilo gótico lineal en Castilla, permite datarlo a finales del siglo XIII. Tanto la vivacidad de las figuras como los tocados femeninos y las barbas y cabellos masculinos abogan por esta cronología.

5.2.3. Iglesia de San Marcos el Real (Salamanca)

En 1968 se hallaron, en el interior de esta iglesia, fragmentos de pinturas murales que habría que clasificarlas dentro del gótico lineal típico de los siglos XIII y XIV. Representan a san Cristóbal, la Anunciación y la Coronación de la Virgen. San Cristóbal lleva en el brazo izquierdo una piedra de molino. Se pueden ver unos personajes sujetos por su cinturón, de forma similar a la imagen descubierta en la parroquial de San Andrés Apóstol de Moral de Calatrava, la de la catedral vieja de Salamanca y la del Sancristobalón del Museo de Bellas Artes de Sevilla. Las dimensiones aproximadas de este mural son de 3 x 1 metros. Está datado en el siglo XIV.

Sancristobalón de la iglesia de San Marcos el Real (Salamanca).

5.2.4. Catedral Vieja (Salamanca)

En el testero oeste del crucero de la Epístola (único que se conserva) se aprecia un san Cristóbal y, de época posterior, algunas escenas del Ciclo de las Apariciones de Cristo y la Ascensión; las apariciones son el *Noli me tangere* y la Incredulidad de santo Tomás. Se trata de un mural pintado al fresco y recuperado hace unos años, junto a la puerta de la sacristía (contaduría mayor) de la Catedral Vieja de Salamanca.

En la cintura del santo aparecen cuatro personajes y, en este caso, el mismo brazo que sujeta la piedra de molino es el que porta el árbol florecido, siendo su brazo derecho el que sujeta al Niño Dios.

Arriba, pintura mural de la Catedral Vieja de Salamanca. Izquierda, detalle del Sancristobalón de esta misma Catedral.

5.2.5. Iglesia de San Juan de los Caballeros (Segovia)

En el ábside norte del templo podemos contemplar este Sancristóbalón, muy deteriorado, en el que se percibe muy ligeramente la piedra molera. Se trata de una pintura mural situada junto a una de las columnas del arco triunfal del ábside del Evangelio. Esta iglesia está edificada sobre un primitivo templo visigodo (siglos V-VII), ampliado sucesivamente entre los siglos X y XIII. Debido a su decaimiento como parroquia, la iglesia fue comprada en 1905 por el ceramista Daniel Zuloaga, tío del pintor Ignacio Zuloaga, quien la adaptó y reformó para convertirla en su vivienda y su taller. Actualmente alberga el Museo Zuloaga, de cerámica y pintura, integrado en la red de museos de Castilla y León[6].

Sancristobalón de la iglesia de San Juan de los Caballeros (Segovia). Fotografía de Sungil Byun.

5.2.6. Iglesia de San Martín (Rejas de San Esteban, Soria)

El templo fue edificado en el siglo XII y conserva buena parte de la fábrica románica. Está declarado BIC desde 1980. Tiene una sola nave, con cubierta de madera a dos aguas, acabada en un ábside semicircular, precedido de un amplio presbiterio. Este está cubierto con bóveda de cañón apuntada. El arco triunfal, también apuntado, se apoya en dos columnas adosadas, que tienen sus capiteles esculpidos con palmas y otros motivos vegetales. Sus ábacos están decorados con puntas de diamante, que se prolongan por el ábside en forma de imposta.

En la nave, en el muro sur, encontramos una figura de san Cristóbal con la muela en su brazo izquierdo.

Sancristobalón de la iglesia de San Martín en Rejas de San Esteban (Soria). https://www.sanestebandegormaz. org /rejas-de-san-esteban.html

5.2.7. Real Monasterio de Santa Clara (Tordesillas, Valladolid)

Un Sancristobalón del que tenemos una referencia (Hernando, 2012: 264-265), pero no imágenes, es el del vestíbulo palaciego (capilla mudéjar) de acceso al templo en el Real Monasterio de Santa Clara de Tordesillas (Valladolid).

5.2.8. Iglesia de Santa María del Azogue (Benavente, Zamora)

José Luis Hernando (2012: 265) apunta unas interesantes notas de esta pintura mural de la primera mitad del siglo XVI:

> «Pero es también interesante el curso acuático que vadea portando al Niño Jesús sobre su hombro, pues junto a una embarcación con aspecto de nao, las aguas están pobladas por varios peces y una singular sirena que está peinándose y mirándose en un espejo. El iconograma, no exento de encanto, tiene precedentes medievales (capiteles en los claustros de la Seu de Girona y el monasterio de Ripoll o las tapicerías del Apocalipsis del castillo de los duques de Angers (1375-1380)), aunque se hizo frecuente en muchos amuletos-silbato de los siglos XVII y XVIII y en la artesanía pastoril (y hasta en un disuasorio plafón de la escalera de las Escuelas Mayores de la Universidad de Salamanca), parece calcado de algunas pinturas británicas [Oaksey (Wiltshire, Bristol) y Slapton (Northants, Peterborough)]».

Detalle del Sancristobalón del siglo XVI en el transepto meridional de la iglesia de Santa María del Azogue de Benavente (Zamora).

5.2.9. Iglesia de San Cristóbal de Entrevías (Zamora)

En el Museo Marés de Barcelona se encuentra una escultura cuya datación estima que pudo ser realizada a mediados del siglo XIV. Junto con la de Cotillo, es la única escultura con esta iconografía que conocemos.

Gabriel Llompart hizo referencia a esta obra en su publicación de 1984 *Entre la Historia del Arte y el Folklore. Folklore de Mallorca. Folklore de Europa.*

Retablo de San Cristóbal (detalle). Museo Marés de Barcelona.

5.3. LOS SANCRISTOBALONES DEL CAMPO DE CALATRAVA

5.3.1. Ermita de San Cosme y San Damián (Bolaños de Calatrava)

Con motivo de la intervención para resolver las humedades en la ermita de San Cosme y San Damián o del Cristo de la Columna, patrón de Bolaños de Calatrava, ha aparecido un Sancristobalón que porta en su mano izquierda una piedra de molino. La pintura se encontraba en la pared original de la edificación, al retirar los revocos para eliminar las humedades, lo que ha permitido descubrir las pinturas murales góticas de la nave central. Los arqueólogos Ángel Aranda Palacios y Petra Martín Prado han dirigido la obra de restauración. En un primer momento, la actuación contempló la eliminación interior de los revocos de yeso y teja en los muros afectados por las humedades y, al retirar este enlucido, aparecieron las pinturas en la pared original de la antigua ermita, datada en el siglo XIV. Estos falsos frescos o pinturas murales al fresco sobre las que luego se les aplicó una última capa de color con el yeso seco para perfilar y detallar el dibujo, fueron picadas para que adhiriera la capa de enlucido de época barroca con la que fueron tapadas en el siglo XVII, cuando se amplió la ermita. A la espera de los resultados analíticos de los pigmentos para concretar la datación exacta de la obra, Raquel Racionero estima que se trata de pinturas góticas del siglo XIII o XIV. Las catas realizadas han permitido constatar que es un conjunto pictórico de calidad, de gran valor histórico-artístico y único en la provincia, en el que se aprecia una serie de escenas separadas por cenefas decoradas. Esta primera intervención está financiada por el Ayuntamiento de Bolaños –a través de una subvención de la Junta de Comunidades de Castilla-La Mancha– y por la Hermandad del Cristo de la Columna, con la colaboración del resto de hermandades que tienen sus imágenes en la ermita. Una vez culminada la actual intervención de urgencia en las catas abiertas, la segunda fase de actuación consistiría en el descubrimiento total del paramento mural para su restauración integral.

Sancristobalón de la ermita de San Cosme y San Damián, Bolaños de Calatrava. Fotografía de Iván Ramírez.

Sancristobalón. Detalle de la muela. Ermita de San Cosme y San Damián, Bolaños de Calatrava. Fotografía de Iván Ramírez.

5.3.2. Iglesia de San Andrés Apóstol (Moral de Calatrava)

En las obras de restauración de la iglesia apareció un fresco de san Cristóbal de grandes dimensiones. Se trata de una obra restaurada por Raquel Racionero y que representa a san Cristóbal cruzando el río y llevando a hombros al niño Jesús, con la bola del mundo en sus manos. Este Sancristobalón lleva en la cintura tres personajes: una mujer judía, un cardenal y un hombre que porta una vara. Posiblemente estas figuras sean las que el profesor Cordero echa en falta en el Sancristobalón de Lebrija, cuando recuerda cómo José Bellido afirmaba: «tenía en la cintura unas figurillas que no agradaron al arzobispo Palafox en 1686, y las mandó borrar, lo que efectuó el pintor lebrijano Francisco de la Peña».

Es una pintura que combina el fresco realizado sobre la cal húmeda y el falso fresco, que se hace humedeciendo la pared cuando ya ha fraguado la cal. Para Diego Peris, en este caso, la imagen era visible desde la puerta, de manera que fuese vista por el que pasase delante del templo. San Cristóbal se relaciona con la protección de los peregrinos y como santo que protege de la muerte. Posiblemente las fiebres del siglo XVIII fueron un momento de acogerse a la protección de un santo de quien se dice: «Si del gran San Cristóbal hemos visto el retrato, ese día la muerte no ha de darnos mal rato» o «Quienes contemplen este rostro, no perecerán en días de mala muerte»[7].

Arriba, Sancristobalón de la iglesia de San Andrés de Moral de Calatrava. Abajo, detalle de los personajes en la cintura de este Sancristobalón.

5.4. LOS SANCRISTOBALONES SEVILLANOS

5.4.1. Iglesia de Santa María de la Oliva (Lebrija)

Se trata de una pintura mural, del siglo XV, pintada al fresco, representando a san Cristóbal con el Niño al hombro, cruzando un río. Afirma el profesor Juan Cordero Ruiz que es la pintura más antigua de Lebrija, testimonio de la primera decoración pictórica de la primitiva iglesia mudéjar y que va unida a todas las transformaciones que sufrió la singular construcción lebrijana.

La gran profusión de imágenes de san Cristóbal en toda la cristiandad está en parangón con el desconocimiento de su vida. Es uno de esos santos en los que se mezcla historia y leyenda, tanto que, a veces, algunos autores dudan de si realmente existió o es solo una recreación cristiana del mito de Hércules. Cordero nos recuerda que no faltan testimonios, que van desde el *Breviario* y el *Misal* mozárabes, escritos por san Isidoro de Sevilla (d. 636) o algunas pinturas ortodoxas en el Monasterio del Monte Sinaí, del tiempo de Justiniano, por el año 550, hasta las fantasías medievales de Santiago de la Vorágine en la «Leyenda Dorada».

Para el profesor sevillano las fuentes más repetidas y fiables son las que afirman que vivió en el siglo III de nuestra era. Los textos referidos al santo porteador se prestan a una homogénea iconografía, en la que varían los estilos, pero los elementos de la escena se repiten sin grandes novedades. Es rara la iglesia que, junto a su puerta, no representa a este popular santo en posturas muy parecidas, como patrono de viandantes. Desconociendo la existencia de las dos obras reaparecidas en la provincia de Ciudad Real (Bolaños de Calatrava y Moral de Calatrava), y las de los sancristobalones de Salamanca, Cantabria y el convento de Santa Paula de Sevilla, Cordero destaca la originalidad de las representaciones lebrijana y sevillana.

Cordero continúa afirmando que el San Cristóbal de Lebrija también tuvo esos personajes misteriosos al cinto (hoy desaparecidos, aunque, pese a la última restauración, puede notarse una desigual estructura pictórica en la cintura del santo). El profesor emérito cree que a esto es a lo que se refiere don José Bellido comentando esta «valiosísima pintura mural, que fue tapada, porque causaba risa hasta a las personas cultas», tapada con el cuadro de la pintora lebrijana Antonia Rodríguez Sánchez de Alva, hoy en la iglesia del Castillo. Bellido afirmaba:

> «tenía en la cintura unas figurillas que no agradaron al arzobispo Palafox en su visita de 1686, y las mandó borrar, lo que efectuó el pintor lebrijano Francisco de la Peña».

El profesor Cordero lamenta que en las recientes restauraciones no se haya podido recuperar nada de estas interesantes figurillas porque, al ser tan

escasas estas anómalas figuras, hubiesen arrojado alguna luz de interés iconográfico, hagiográfico y artístico a esta colosal pintura. Finalmente afirma:

> «Tendríamos que preguntar, (…), a este nuevo "braghettone" lebrijano,
> cómo eran las vergüenzas, (…), y que la jerarquía andaluza le mando tapar,
> cumpliendo el mandato con tanto celo, que no dejó ni huella.»

Mural de San Cristóbal en la iglesia de Santa María de la
Oliva (Lebrija). http://www.consultatodo.com/sanCristobal/
sanCristobal2.htm__

5.4.2. Convento de San Benito de Calatrava

El Museo de Bellas Artes sevillano alberga en su planta baja, entre otros muchos tesoros pictóricos, cuatro tablas con parejas de santos que proceden de la iglesia de San Benito de Calatrava. La Orden de Calatrava recibió, en la ciudad, una huerta, entre la puerta de Bibarragel y la laguna de la Feria, lindante con el compás de los hospitalarios de San Juan, el convento de Santiago y el de San Clemente. Allí edificó un convento con la advocación a San Benito, en torno al cual, junto con los otros bienes que obtuvo, creó su encomienda sevillana. La huerta donde se ubicó se llamó de las Cadenas, por estar así delimitada, entre las actuales calles Bécquer, Pacheco y Núñez de Prado, Fresas y Calatrava. Aún pueden verse las lápidas con las cruces de Calatrava presidiendo la puerta de lo que fue la iglesia de la orden calatrava en Sevilla. En 1563 se fundaría en San Benito de Calatrava, y aquí permanecería hasta 1578, la cofradía de la Columna y Azotes, la que hoy es Hermandad de las Cigarreras. El convento de San Benito de Calatrava sería sede de la Orden hasta 1877, año en el que lo cedería, ya en franca decadencia, a la comunidad salesiana.

Tabla del santo cruzando el río, llevando al Niño Jesús sobre su hombro y a dos peregrinos en el cinturón, c. 1480. Museo de Bellas Artes de Sevilla. https://g.co/arts/hLux4eJ3y929QPmk8

Arriba, San Antonio Abad y San Cristóbal. Tabla de la iglesia de San Benito de Calatrava. http://leyendasdesevilla.blogspot. com.es/2011/08/el-museo-de-bellas-artes-de-sevilla-ii.html Abajo, cuatro tablas con sendas parejas de santos procedentes de la iglesia de San Benito de Calatrava, atribuidas a un artista cercano a Juan Sánchez de Castro. Museo de Bellas Artes de Sevilla. http://leyendasdesevilla.blogspot.com.es/2011/08/el-museo-de-bellas-artes-de-sevilla-ii.html

5.4.3, Convento de Santa Paula

El convento de Santa Paula es un monasterio de clausura monástica de monjas de la Orden de San Jerónimo y un monumento histórico que se encuentra situado en el interior del centro histórico de la ciudad de Sevilla, a espaldas de la parroquia de San Marcos y muy próximo a otro de los grandes conventos sevillanos, el convento de Santa Isabel. En el pasado contó con una extensión de terreno muy considerable, ocupado en especial por sus huertas. Está considerado como BIC (Bien de Interés Cultural), declarado Monumento Histórico-Artístico perteneciente al Tesoro Artístico Nacional por Decreto de 3 de junio de 1931.

Hacia 1483 Isabel Enríquez, viuda del condestable de Portugal, promovió la edificación de la actual iglesia del convento. En los muros laterales de la cabecera se encuentran los sepulcros de Isabel, de su esposo el condestable y de un hermano de esta, con sus emblemas heráldicos donde se combinan las armas de los Enríquez y de Portugal.

A los pies del testero izquierdo de la Iglesia del convento encontramos una gran pintura mural de san Cristóbal, del siglo XVII, atribuida a Alonso Cano; está inspirada en la imagen de san Cristóbal de la Catedral de Sevilla y es de dimensiones similares. En esta pintura mural se incluye la piedra de molino en el brazo izquierdo del gigante.

Sancristobalón del convento de Santa Paula de Sevilla. https://maldonatiphotography. files. wordpress.com/2015/03/san-cristc3b3bal-atribuido-a-alonso-vc3a1zquez.jpg__

Restauración del mural de San Cristóbal del convento de Santa Paula de Sevilla, 9 de julio de 2019. http://amdgrestauracion.com/?p=485

6
CANCIONEROS

Fue tal la profusión de los ingenios hidráulicos y, posteriormente, eólicos, dedicados a la molturación del cereal, que contamos con un amplio campo de estudio. A lo largo y ancho de la piel de toro se han producido cantares sobre el molinero, la molinera, la maquila o la molienda. Contemplamos un rico panorama en el mundo hispano, adquiriendo características de género en Andalucía, Asturias, Galicia, León y Zamora, con sus «molineras», «moliñeiras» o «muiñeiras» (Chocano, 2022: 1).

Si tuviéramos que remontarnos al origen de los cantes molineros podríamos acudir al *Cancionero sevillano* (1568). Allí encontramos versiones «a lo divino» de una seguidilla, que aparecerá manuscrita por Gonzalo Correas en su *Arte de la lengua española castellana* (1625):

> *El tu amor Xuanilla*
> *no le verás más*
> *molinero le dexo*
> *en los molinos de Orgaz*[1].
> (319).25

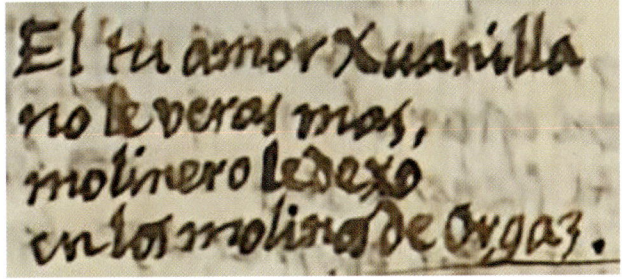

Seguidilla en *Arte de la lengua española castellana*, de Gonzalo Correas (1625). p. 161 del manuscrito.

Correas define a ciertas seguidillas «irregulares» como «folías que disparan adefesios». En algunas, de tema molinar, vemos cómo se crea una prosopopeya:

Molinillo:
¿Por qué no mueles?
—Porque me beven
el agua los bueies.

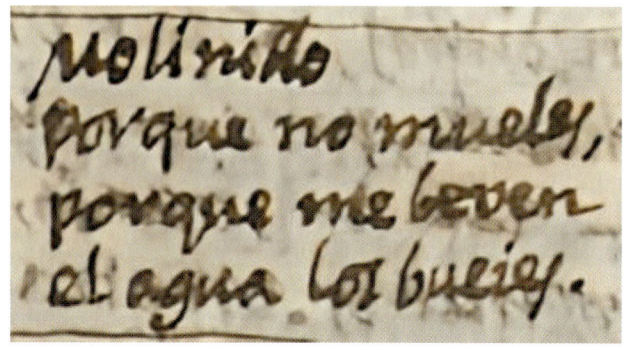

Seguidilla con folía de versos desiguales en *Arte...*, de
Gonzalo Correas (1625), p. 161 del manuscrito.

En el *Arte* de Correas encontramos otra seguidilla «irregular» con
sentido pícaro y burlón:

Molinero sois amor
i sois moledor[2].
Marido busca otra rrenta,
que vale cara la cornamenta.

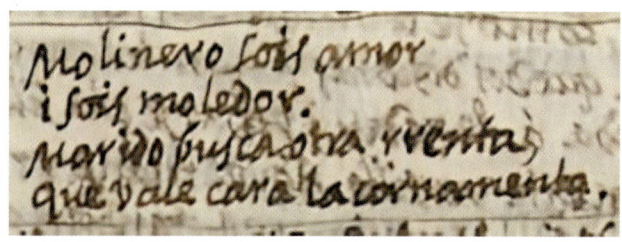

Seguidilla con folía de versos desiguales en *Arte...*, de
Gonzalo Correas (1625), p. 161 del manuscrito.

En la obra dirigida por Demófilo podemos leer una copla gallega con
un cierto tinte anticlerical:

16.- O crego[3] *e mais á criada*
ordenaron de cocer,
tiñan a leña n'o monte
e a fariña por moer[4].

Dicha copla podemos verla con más versos gracias a Alicia Fonteboa:

O cura e máis a ama
ordenaron de cocer,
tiñan a leña no monte
e a fariña por moer.
Marcha o cura pro muíño
ca chicada na cabeza,
ie esbaráronlle as chancrelas
ie caeu de cu na presa[5].

Pero para verla más completa, acudimos a la web[6] https://www.ogale-go.eu de Vitoria Ogando Valcárcel-Anxo González Guerra (catedráticos de Lingua Galega e Literatura jubilados).

O crego e mais a criada
ordenaron de cocer;
tiñan a leña no monte
e a fariña por moer.

O crego foi ó muíño
co cenico na cabeza,
escorréronlle as chinelas,
alá vai de cu na presa.

O creguiño de Sueiro
moi pequeno se quedou,
que naceu no mes de agosto
e coa seca non medrou.

O cura chomoume rosa,
eu tamén lle respondín:
destas rosas, señor cura,
non as hai no seu xardín.

O cura vendeu, vendeu
e non tiña que vender;
vendeu o rabo da besta,
borrachón, para beber[7].

En un ejemplar de la *Revista de Dialectología y Tradiciones Populares*, de 1964, disponemos de la partitura de una «canción de molinero» manuscrita por el insigne etnógrafo catalán Joan Amades (1964: 133):

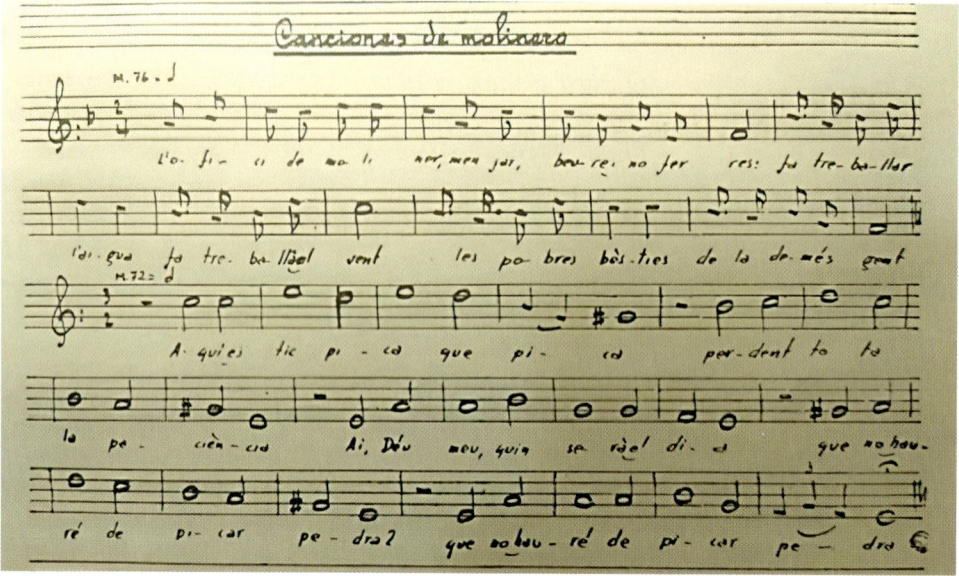

"Canciones de molinero", manuscritas por Joan Amades.

L'ofici de moliner, menjar
beure no fer res: fa treballar.
L'aigua fa treballà el vent
les pobres bèsties de la demés gent.

Aquí estic pica que pica
perdent tota la paciència.
Ai, Déu meu, quin serà el día
que no hauré de picar pedra?

Traducción:

El oficio de molinero: comer
beber, no hacer nada, hacer trabajar
al agua, hacer trabajar al viento
a las pobres bestias de la demás gente.

Aquí estoy pica que pica
perdiendo toda la paciencia.
Ay, Dios mío, ¿cuál será el día
en que no tendré que picar piedra?

Nos señala Amades que la canción era una referencia jocosa a la labor del molinero, que aprovechaba la fuerza del agua y el viento según el tipo de molino; incluso alude a las tahonas o molinos de sangre, movidos por bestias.

Asimismo, nos recuerda la labor del picado de las piedras para hacer los rayones y que la harina pudiera molturarse entre las piedras. Dicha tarea era acompañada por este canto para romper la monotonía y dureza de tal labor.

Según el catalán, los molineros de viento de Mallorca cantaban una canción rítmica, cuyo canto acompañaban con golpes acordados que, con una piedra, daban sobre la tolva del molino; dicho receptáculo, al ser de madera, resonaba de una manera especial. Con esta singular canción, los molineros intentaban atraer al viento cuando no soplaba. El texto de este interesante canto enumera los diversos vientos conocidos en la isla Balear mayor, dando la sensación de que se llama a los vientos para que soplen. Esta canción, según Amades, tenía todo el aspecto de un conjuro[8].

En 1977 la Unión Musical Española publica *Las canciones del pueblo español*, obra del musicólogo José de Juan del Águila. En este librito de partituras con letras encontramos tres piezas procedentes de Castilla y León:

> De Castilla:
> «Molinero, molinero».
> «Vengo de moler».
>
> De León:
> «Molinera, molinera».

Reproducimos las partituras en las páginas siguientes.

Nuestro folklorista y amigo José Manuel Fernández Cano «El tío de la perra gorda» nos ilustra con algunas seguidillas manchegas de tema molinar, recogidas en Alcázar de San Juan[9] y publicadas en la *Revista de Folklore* por Joaquín Díaz:

> *Tiene la molinera*
> *ricos anillos,*
> *y el pobre molinero*
> *sin calzoncillos.*
>
> *Dicen que está llorando*
> *la molinera,*
> *con un saco de harina*
> *a la cadera.*
>
> *Tiene la molinera*
> *ricos pendientes,*
> *y el pobre molinero*
> *está sin dientes.*

"Molinero, molinero", partitura de José de Juan del Águila en *Las canciones del pueblo español*, p. 88.

VENGO DE MOLER
(Castilla)

J. de Juan

Ven – go de mo – ler, mo – ler, ___
En la puer – ta del mo – li – no

del mo – li – no del Cas – ti – llo,
me pu – sea con – si – de – rar ___

duer – mo con la mo – li – ne — ra,
las vuel – tas que da la pie — dra

yel mo – li – ne – ro tran – qui – lo.
pa – ra mo – ler un cos – tal. ___

103

"Vengo de moler", partitura de José de Juan del Águila en *Las canciones del pueblo español*, p.103.

"Molinera, molinera", partitura de José de Juan del Águila en *Las canciones del pueblo español*, p. 160

Muy parecidos a las anteriores son las seguidillas que nos transmite María Jesús Ruiz Fernández (2007: 37) en su estudio introductorio a la obra de Alejandro Casona:

Tiene la molinera
en su molino
la perdición del hombre:
tabaco y vino.

Tiene la molinera
ricos zarcillos
de la harina que roba
de los cuartillos.

Tiene la molinera
ricas pulseras
de la harina que roba
de las fanegas.

Tiene la molinera
ricos collares
de la harina que roba
de los costales[10].

Rafael Cantero (2007: 20, 159 y 217), en su *Colección de seguidillas* también recogió nueve de tipo molinar, algunas de ellas coincidentes con las que hemos expuesto en esta antología:

Pajarito que anidas
en la ribera
dime si es «güena» chica
la molinera.

Las molineras tienen
lindos vestidos,
con el trigo que roban
a los vecinos[11].

Gasta la molinera
ricos collares
de la harina que roba
de los costales.

Tiene la molinera
ricos percales
de la harina que roba
de los costales.

Tiene la molinera
ricas pulseras
de la harina que roba
de las talegas.

La molinera tiene
muchos vestidos
y el pobre molinero
sin calzoncillos.

Cuando la molinera
sale al camino
es señal que no tiene
trigo el molino.

La molinera chica
dice a la grande:
como tú te has casado
quiero casarme.

El peral del molino
no tiene peras
que se las ha comido
la molinera.

María del Castillo González (2001: 50) también hizo acopio en Miguel-turra (Ciudad Real) de estrofas alusivas a los molinos, algunas muy picantes:

Molino que estás
moliendo el trigo
con tanto afán
tú estás haciendo la harina
y otros se comen el pan[12].

Tengo que ir al molino
aunque me muera de frío
a ver si me puedo traer
la molinera conmigo[13].

Toditas las molineras
cuando salen del molino
parece que van diciendo:
«de la tierra sale el trigo».

Y si no se le quitan bailando
los colores a la molinera.
Y si no se le quitan bailando:
¡Déjala que se pudra y se muera!

A la luz del cigarro
voy al molino
Si el cigarro se apaga,
morena,
me caigo al río[14].

Vengo de moler, morena
de los molinos de abajo.
Cortejo a la molinera
y no me cobra el trabajo.

A la entrada del molino
a la molinera vi
tumbadita en los costales
y el polvo le sacudí.

El primer polvo que eché
se lo eché a la molinera.
¡Mira si le estaría bueno
que me dijo que volviera!

6.1. EL *CANCIONERO POPULAR DE LA INSTITUCIÓN LIBRE DE ENSEÑANZA*

La Institución Libre de Enseñanza, fundada en 1876, tuvo entre sus fines la recuperación de la cultura popular. En 2012 se publicó el *Cancionero popular de la Institución Libre de.Enseñanza*; al libro, editado por Víctor Pliego de Andrés*[15]*, le acompaña un CD con veintiocho de las canciones tradicionales del repertorio de la ILE en las voces de los Pequeños Cantores de la JORCAM. En esta publicación se incluyen dos composiciones alusivas a los molinos, con sus partituras, una de origen francés y otra gallega: «Las aspas del molino» (Francia) y «Unha noite no muiño» (Galicia).

LAS ASPAS DEL MOLINO

Las aspas del molino
mueve la brisa ya
y el molinero alegre
muy pronto volverá

Se acerca ya en su carro,
pausado y sin correr,
con la dorada carga
del trigo por moler.

«Jamás tu voz molino
me canso de escuchar,
y su tic tac sonoro, [dos veces]
nunca podré olvidar».

Con tu rodar constante
canta sin descansar,
que al cielo llegue el eco,
de tu feliz cantar.

Que es mucha la cosecha
que mucho pan habrá
por eso en el molino
alegre todo está.

«Jamás tu voz molino...»

Por el tamiz la harina
blanca pasando va
y cada vez más fina
montones forma ya.

No muelas todo el grano
y cuida de guardar
lo justo, molinero,
para poder sembrar.

«Jamás tu voz molino...»

Partitura núm. 57 del *Cancionero popular de la Institución Libre de Enseñanza*. Reproducción de la edición de 2012.

UNHA NOITE NO MUIÑO

Unha noite no muiño, kikiriki,
unha noite non é nada, ay laralá.
unha semaniña enteira, kikiriki,
esa si que é muiñada, ay laralá.

Cantar pirulé
Ay kikiriká
Cantar pirulá
Ay laralalá.

No te cases con ferreiro, kikiriki,
que é muito que lavare, ay laralá.

cásate con mariñeiro, kikiriki
que vén lavado do mare, ay laralá.

Cantar pirulé...

Partitura núm. 91 del *Cancionero popular de la Institución Libre de Enseñanza*. Reproducción de la edición de 2012.

6.2. EL *CANCIONERO JUVENIL* DEL FRENTE DE JUVENTUDES

En 1947 el hermano marista Manuel Rodríguez llevó a cabo la tarea de elaborar un cancionero para la juventud de la postguerra civil española, costeada por la Delegación Nacional del Frente de Juventudes.

En la edición, compuesta por 242 canciones, tuvo un gran peso el elemento regional, que era el grupo V del librito, con un total de 77 canciones. Entre ellas, podemos ver las partituras de dos coplas de tema molinar, alternando cuartetas con seguidillas.

«La molinera» (*Incipit: A la puerta del molino...*).
«Molineras» (*Incipit: Dime molinerita...*).

LA MOLINERA

"La Molinera". *Cancionero juvenil* de 1947

LA MOLINERA

A la puerta del molino
hay un ratón con un diente,
mirando a la molinera
cómo sorbe el aguardiente.

El peral del molino[16]
no tiene peras,
que se las ha comido
la molinera.

La molinera, niña,
la molinera.
El peral del molino
no tiene peras.

MOLINERAS

Dime molinerita:
¿Cómo te arreglas
para moler cantando
y olvidar penas?

¡Ay, qué molinerita,
qué molinera!
Si moliendo el trigo está
la molinera
y cantando una canción
que sabe a amores
y sabe a penas
es porque sufre cárcel
sufre cadenas
por amor de un soldado
que está en la guerra.

¡Y olé, olelá!
¡Y olé, olelá!
El adiós del soldado
que a la guerra se va
¡Y olé, olelá!
¡Y olé, olelá!

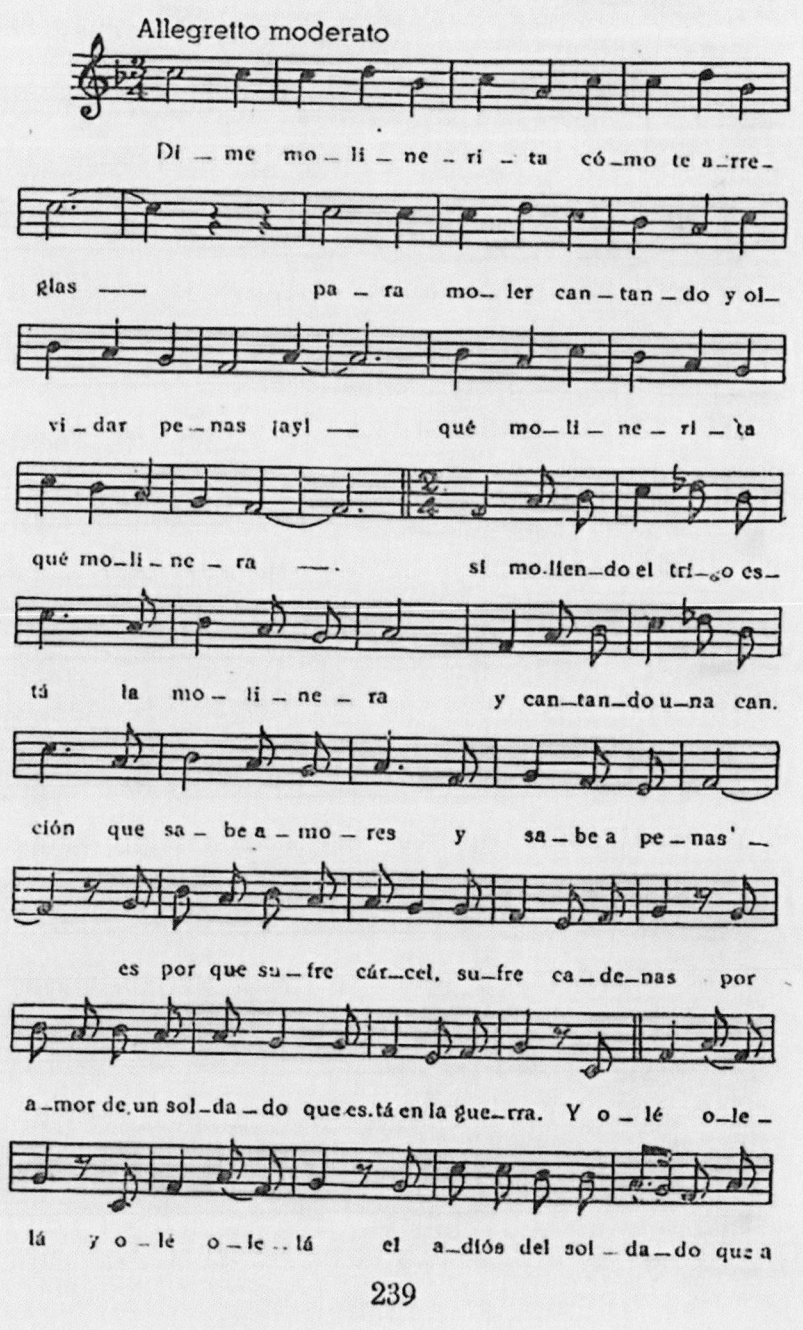

239

"Molineras". *Cancionero juvenil* de 1947, hoja 1/3.

240

"Molineras". *Cancionero juvenil* de 1947, hoja 2/3

el de – sier – to —– más la ro–sa en el ro–.
sal — — y la a–zu – ce–na en el huer – to. —
que — F – res co—mo la nie. ve de
la mon.ta – ña qué blan.ca es.tá a la no—che y a
ma – ña – na de la mon – ta – ña —

"Molineras". *Cancionero juvenil* de 1947, hoja 3/3.

El amor del soldado
que a la guerra se fue
deja la novia marchar
déjala caer.
El agua que el molino
habrá de mover
déjala caer.

Molinera, molinera:
La pena te va a matar.
Desde el día de los quintos
no has cesado de llorar.

Molinera, molinera:
¡Qué descolorida estás![17]
Más hermosa eres que el sol
que la nieve en el desierto.

que la rosa en el rosal
y la azucena en el huerto.

Eres como la nieve
de la montaña
que blanca está a la noche
y a la mañana.

7
ROMANCES

«El molinet» (molinillo) era un romance religioso popular que se recitaba en Mallorca, Menorca y en algunas zonas de Cataluña. Llompart (1969: 251) lo consideró un:

> «espécimen de catequesis piadosa, cuanto presenta el dogma de la redención aplicada personalmente mediante la imagen del molino de agua».

En el romance, el perdón de los pecados se expresa con la trituración y molienda del grano. Tiene un aire muy personal y se resuelve con un encuentro entre el pecador y Cristo crucificado, lo que le confiere una especial eficacia psicológica. Antiguamente era cantado y su melodía fue publicada en Cataluña. En Mallorca las campesinas lo interpretaban como un acto de dolor, reflejando su carácter penitencial. Llompart (1969: 256), como probable raíz del tema, relataba cómo el conocido musicólogo Higinio Anglés recogió de viva voz, en las provincias de Gerona y Tarragona, un canto titulado «Sant Forment»[1], en el cual se recoge la imagen de la molienda de Cristo en la cruz, inserta en una larga alegoría que recorre toda la vida y pasión del Señor, desde la espiga cuyo grano sembró el Espíritu Santo en el seno de María, siguiendo por la siega, la venta de la gavilla por Judas, la trilla de los judíos en la prisión. (…) El texto dice:

> *Tolle, tolle*, fes farina*
> *crucifica el sant forment**;*
> *com es nat amb llum divina*
> *serà pasta de forment.*
> *Els martells tan rigurosos*
> *molt promptament l'han pastat;*
> *els forns queden sanguinosos,*
> *amb la creu l'han enfornat.*
>
> *Bon punt al forn la farina*
> *es converteix en pà viu,*
> *passat per les santes taules*
> *quan el sacerdot li diu*
> *les cinc sagrades paraules.*

La pedra queda llagada
s'es pastat d'aquell santa pà,
dins de l'hostia consagrada
bon Jesús en creu está.

Traducción:

¡Fuera, fuera! Haz harina
crucifica el santo trigo;
como ha nacido con luz divina
será pasta de trigo.
Los martillos tan rigurosos
muy pronto le han amasado;
los hornos quedan sanguinosos,
con la cruz le han horneado.

Buen punto en el horno la harina
se convierte en pan vivo,
pasado por las santas mesas
cuando el sacerdote le dice
las cinco sagradas palabras.

La piedra queda llagada
se amasó de aquel santo pan,
dentro de la hostia consagrada
buen Jesús en cruz está.

* *Tolle, tolle*. Etimología: del lat. *tolle, tolle*, imperativo repetido de *tollĕre* 'sacar, quitar', extraído de la versión lat. *Vulgata del Evangelio de San Juan* (19, 15), de la escena en la que los judíos protestan gritando contra el intento de Pilato de liberar a Jesús: ¡*Tolle, tolle!* ¡*Crucifige eum!*¡Fuera, fuera! Crucifícalo. Masc., Clamor de indignación contra alguien o algo. *Armaron un tole-tole contra el orador*. https://www.diccionari.cat/GDLC/tolle-tolle

** *Forment*.Etimología: del lat. td. *fromentum, formentum*, substituto del lat. cl. *frŭmĕntum* 'blat; cereal' (v. frugal). 1. BOTÁNICA y AGRICULTURA: *Blat xeixa*. 2. *Forment rojal. Forment de gra més llarguer que la xeixa i de menys qualitat*. https://www.diccionari.cat/GDLC/forment

Nos señalaba Llompart (1969: 257) que ese mismo desarrollo temático se encontraba en la pieza, a seis voces, titulada «El molino», publicada en el libro de ensaladas de Mateo Flecha «el Viejo» –maestro de capilla de la Catedral de Sigüenza–, aparecido en Praga en 1581. Esta composición se atribuye a Mathías Chacón, que trabajó en la ciudad seguntina entre los años 1538 y 1568, siendo sucesor de Mateo Flecha al frente de la catedral, por lo que es lógico que el Chacón compositor tuviese alguna relación con Flecha en Sigüenza (Iglesias, 1996: 257).

Portada de *Las ensaladas* de Mateo Flecha el Viejo, publicadas en Praga en 1581. https://mdc.csuc.cat/digital/collection/PMautors/id/3637/rec/1/lang/ca

El *incipit* y los primeros versos de la obra están en castellano:

Manso el molino, amigo,
manso el molino.

Incipit de la ensalada "El molino", de Mateo Flecha el Viejo. https://mdc.csuc.cat/digital/collection/PMautors/id/3637/rec/1/lang/ca

Tara, tara, tara, tara villa,
tara, tara, tara, tara, villa (bis)
tarata
Yvanse las tres hermanas
todas tres por un camino
y cantando y reventando

con un celemín de trigo
manso'l molino.
Tara, tara, tara, tara villa,
tara, tara, tara, tara, villa (bis)
ta
—Quiero entrar y preguntar
si hazen harina buena
harina buena
si hazen arma buena
—¿qué mandáis honrrada dueña?
¿traéis algo que moler?

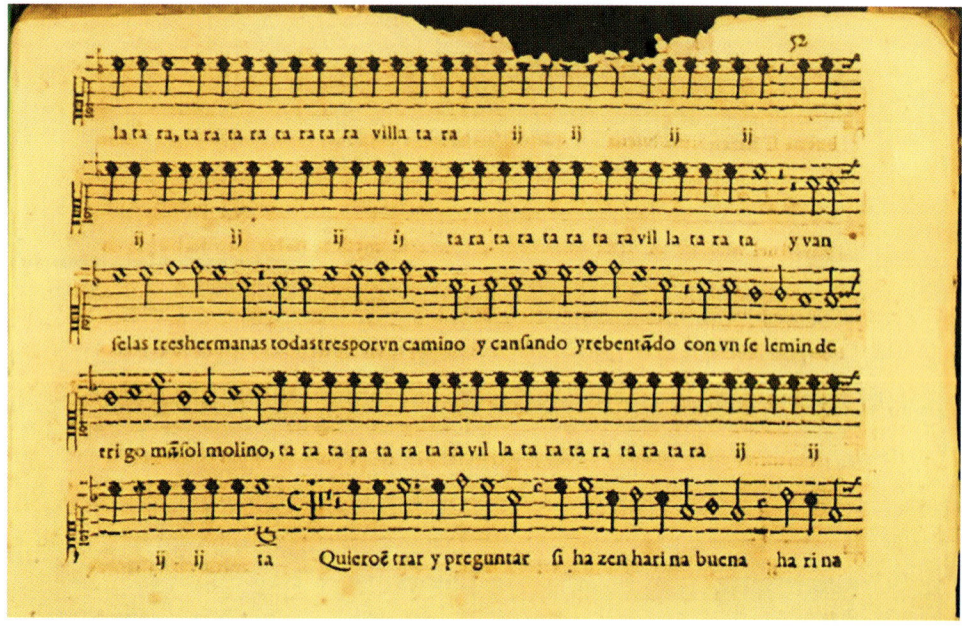

Fragmento de la partitura de la ensalada "El molino", de Mateo Flecha el Viejo.

Aparecen tres hermanas, cargadas con sendos celemines de trigo, que llegan al molino, dialogando –en catalán– con el molinero[2]:

—Deu vos salve'l moliner.
—Bé siau venguda, madona*
—Así us porte un sach de blat,
¡Ay¡ feume farina bona.
—En bon punt, en bon punt
y en bon ora,
en bon punt y en bon ora
—Así us porte un sac de blat,

¡Ay¡ feume farina bona.
Mentres yo l'esgranaré,
¡Ay! Vos picareu la mola.
—En bon punt, en bon punt
y en bon ora, (bis)
Sus todos tres a la par (bis)
mientras echamos el trigo

Las tres hermanas cantan (y, posiblemente, bailan) mientras esperan y luego reanudan el diálogo en castellano[3]:

—Digamos aq'un cantar
¿Vos pica la muela amigo?
—Solie q'andaua el molino
solie que andaua
y agora no (bis)
ti, ti, ti, ti, ti, (bis, etc.)
En aquel camino
armé un molino
Rodesno de oro
canal de pino
moledor
ti, ti, ti, ti, ti, (bis, etc.)
—Molednos, por cortesía
que se nos acaba el día
y salen ya las estrellas.
—Este molino, doncellas
que veis vos,
figura es de la Pasión
que á de pasar nuestro Dios
por librarnos de prisión,
En el qual como molida
a de ser su humanidad
y en horno de caridad
y perfecto amor cozida (bis)

El cimiento
do está el molino fundado
es el sancto Nascimiento
del Verbo Dios humanado.
Esta noche nos lo a dado
de nuestra carne vestido
vna virgen que a parido

muy triumfante. (bis)
Dios doceose o infante,
Ollay maña quan galante
Ollay maña
Ollay ollay,
Ollay maña quan galante
Ollay maña
Ollay maña quan galante.
Dios doceose o infante,
Ollay maña quan galante
Ollay maña
Ollay ollay,
Ollay maña quan galante

Todo es aquí sacramento.
Nunca tal molino é visto*,
que tiene por fundamento
la piedra biva, qu'es Christo.
Y pues tal es la harina
que's la propia medicina
con que l'alma enferma sana.
El molino andando gana.

Regozijate cristiana
pues oy Dios en tu alma nasce (bis)
Del molino vengo si os plaze
A la ha que farina fase (bis)
A la ha, A la ha, a la ha
que farina fase (bis)
Quia venit hodie Iesus*
Visitare nos in pace

Para Llompart hay una relación entre la ensalada de Matías Chacón y el romance de «El molinet», viendo una línea de desarrollo idéntica y que incluso la versión del «Molinet», recogida por Milà y Fontanals (1853: 21), comienza por el refrán del villancico valenciano del que arranca «El molino» de Chacón:

19. El alma arrepentida[4]

Yo m'en llevo matinet | a la bon hora
Regna del cel, | emperadora
En tan bon punt,| en tan bon hora.
Carrego 'ls pecats al coll | y á Betlem m' en ané sola;

Yo trobo 'ls portáis tencats | soleta m' en quedo fora,
Y en miro de sa y de allá | veig un cobertet de bova,
Qué devant n'hi ha un vellet | detras n'hi ha una senyora;
Lo vellet s' en diu Josep. | María la seva esposa,
Y entre mitx de ells dosfets] | un infant com una rosa.

«Deu la guart, la bona gent». | «¿Que busqueu, la bona dona?».
«Hi buscave un moliné *| que mol be de tota cosa,*
Que m' en molgue els meus pecats | yo que so tan pecadora».
«Tornareu per dijous sant, | dijous sant a la bon' hora,
*Que 'l meu fill estará en creu | **que-os fará fariña bona.***
La creu ne será 'l molí | y la corona la mola.
Y l' aigua que baixará | la seva sanch preciosa».

7.1. «EL MOLINO MÍSTICO»

El romance del molino místico constituye un ejemplo más de la pretensión de encardinar la religión en la vida cotidiana, dando un valor sacro a la vida práctica (Llompart 1969: 265). El tema del «molino místico» se desarrolló en otros países europeos. En Alemania, Alois Thomas (1935: 139) afirmaba que el molino místico es algo más que un simple símbolo de la transustanciación; es una alegoría dramática que describe la venida de Cristo, el verdadero pan del cielo, que fue dado a los hombres por María como pan de la fe, comunicador de luz, y como pan eucarístico, prenda de vida eterna.

Thomas (1935: 134) advertía que la iconografía del molino místico estaba relacionada con una canción de molienda extendida en Alemania durante los siglos XV y XVI, mediante distintas versiones:

> «El cantor quiere edificar un molino. Recibe del Líbano las cuatro clases de madera que para ello precisa. La muela inferior es el Viejo Testamento; la superior, el Nuevo. Esta es puesta en rotación por el Espíritu Santo. Los cuatro Padres de la Iglesia le prestan su atención. El agua la aportan los cuatro ríos del paraíso. Los doce Apóstoles hacen girar las muelas, que muelen en todos los países. Una Virgen trae un saco con grano. Se cumple el anuncio de los profetas de que María daría a luz a Jesús en Navidad. Este es el verdadero pan del cielo que los Evangelistas anuncian a los hombres. Cada uno de ellos vacía un saco en el molino y adoctrina sobre uno de los misterios salvíficos de Jesús: la Encarnación, la Crucifixión, la Resurrección y la Ascensión. El reparto de la harina corresponde al Papa, el emperador y los predicadores. Así va rodando el molino y dando el alimento necesario a cada uno»[5].

Llompart (1960: 260) relata que el deán de la Catedral de Friburgo, Heinrich von Laufenberg (+1460) en su poema «Christus das Weizenkorn», canta a María como al molino, y a Cristo como pan de la Eucaristía:

El blanco y noble grano
bien lo molió ella.
La digna y gentil doncella
llena está de toda gracia;
bien puede girar la piedra
según su amable voluntad
que nos quiere preservar[6]...

En una de sus estrofas se encuentra la alusión a la Pasión, recordando al romance mallorquín:

El grano fue molido
hasta hacerse pura harina;
cuanto la humanidad cubría
era pálido y podrido[7]...

Por Llompart sabemos que un trovador alemán, Muskatblüt (+ c. 1439[8]), contemporáneo de Laufenberg, en su poema «Die mül (El molino)», datado entre 1415 y 1433, trató los misterios de Cristo de forma similar.

En Castilla-La Mancha, y más concretamente en la provincia de Ciudad Real, se conservan romances, algunos en forma de mayo, que explican los misterios de la Pasión de Cristo mediante otras tareas cotidianas e incluso aperos de labranza, como el arado.

Capitel de "El molino místico". Santa María Magdalena de Vezelay (Borgoña, Francia).

8
MOLINERAS, MOLIÑEIRAS Y MUIÑEIRAS

La muiñeira o muñeira, considerada como el baile típico y popular de Galicia, etimológicamente quiere decir «danza molinera», pues el término deriva de «muiño» (molino). En el Archivo de la Tradición Oral leemos:

> «En la sierra de Ancares leonesa, el Bierzo, la Cabrera y la alta Sanabria el baile de la muñeira está asentado como baile popular de tiempo atrás, interpretado con pandero cuadrado, pandereta, rabel, gaita de fole o más raramente –por la dificultad del toque y la constatada desaparición del instrumentista– con la flauta de tres agujeros y el tamboril. Al final del baile el tamborilero indica en este caso, con un cambio de golpe las vueltas finales que han de dar los bailadores»[1].

En la web del Archivo de la Tradición Oral también podemos reproducir una moliñeira por Adelino Rodríguez, de Peñalba de Santiago (León), de 79 años. La grabación se realizó en su casa de Ponferrada (León) el 5 de septiembre de 1993[2].

Felipe Pedrell (1922: 65) encontró influencia de la tonada y figuración de las antiguas muiñeiras en Cataluña, poniendo como ejemplo el romance de «La esposa rescatada»[3] o «La hija del Mallorquín», muy popular en todas las regiones catalanas. Pedrell afirma que de aquella tonada también procede el villancico-muiñeira catalán «Que li darem a n'el noy de la mare» y afirma que la tonada del «No figueriral Figueiredo»[4], publicada por el murciano Mariano Soriano Fuertes, puede considerarse como forma típica melódica y figurativa de todas las muiñeiras posteriores. Ya en el siglo XVIII el metro o aire de la muiñeira era considerado como un aire antiguo, pudiendo señalarse bastantes semejanzas entre ella y la «biribilqueta» vasca[5].

Manuel García Matos grabó una «Muiñeira de Lugo» entre 1956 y 1959 y la publicó en la primera selección de la *Antología del folklore musical de España*. La grabación puede reproducirse en el siguiente enlace: https://porverita.wordpress.com/muineira-monterroso/

García Matos consideraba tres modalidades de la muñeira: la coreográfica, la cantable y la instrumental, esta última la más fecunda. El compás de la muñeira es el de 6x8 en modalidad mayor, debido a la afinación de la gaita. Las escritas en modo menor son una excepción. La fórmula rítmica que estuvo vigente en Extremadura y en Cataluña se componía de ocho frases musicales que cadenciaban cada cuatro y a *tempo vivo*. En cuanto a los instrumentos que acompañan a la muñeira son la gaita, el pandero y el tamboril.

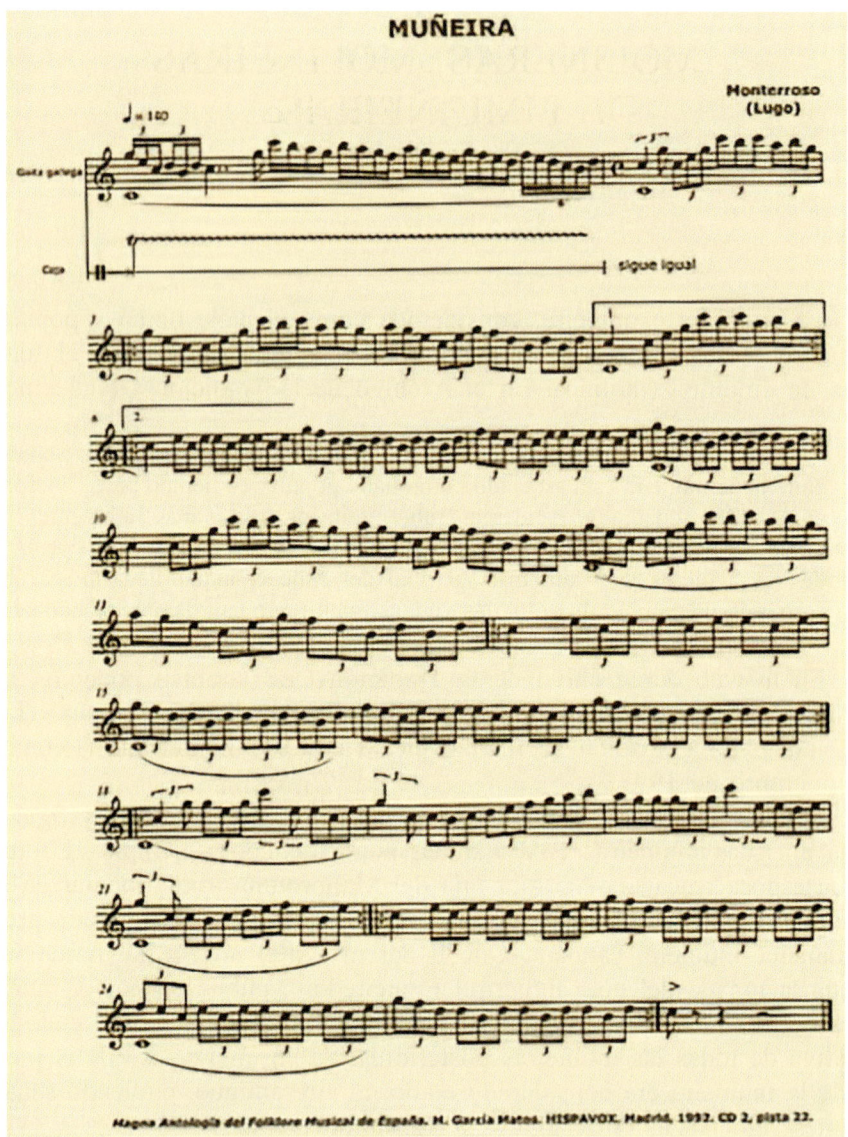

Partitura de "Muñeira". M. García Matos, *Magna antología del folklore musical de España*, Madrid, Hispavox, 1992, CD 2, pista 22 (*Estudio de la Magna antología del folklore musical de España de Manuel García Matos*, p. 438).

El protagonismo de la danza de la muiñeira corresponde al hombre, que ejecuta los puntos, giros y piruetas en torno a su pareja.

Variedades de la muiñeira son la común, la redonda, la de Monterrey, la ribeirana y la carballesa (García Matos, 1979: 23).

Actualmente forma una parte fundamental del repertorio de los grupos folklóricos gallegos.

9
LOS MOLINOS EN LA OBRA
DE FELIPE PEDRELL

No podíamos obviar la obra del tortosino Felipe Pedrell, considerado el creador de la musicología moderna en España. Pedrell fue el primer músico que se encargó de estudiar la música tradicional española, tarea que conocemos como etnomusicología.

En el volumen I de su obra *Cancionero musical popular español* aparecen varios «Cantares de molinero». Los numerados 97 y 98 le fueron «comunicados» por Perfecto Feijoo y Poncet, «amantísimo de la poesía y música populares gallegas, consumado y genial gaitero él mismo, que honra a la región de sus amores…». Pedrell considera el número 98 como «preciosísimo y soñador» y responde de su autenticidad porque, refiriéndose a Feijoo: «me es bien conocido el esmero que pone en la transcripción de canciones, tocatas de gaita y todo lo que tiene relación con el folklore gallego de sus amores.» En cuanto al número 99, «otro canto molinero de alegre melodía», le fue «comunicado» por el musicógrafo y compositor agustino P. Luis Villalba[1]. También recogió Pedrell, con el número 100, una «Canción de tahonero», comunicada por su amigo Antonio Pont[2]. En el volumen II recogió una muiñeira coreada con la gaita (Darbo-Cangas) también comunicada por Feijoo (número 291).

Onze són a ca es forner
i na Tonina i na pasta
son pare és un baladrer
que tot quant té tot ho gasta

Traducción:

Once son en casa del panadero
y la Tonina y su dinero
su padre es un «bala perdida»
que todo lo que tiene se lo gasta.

En esta página y en la siguiente, "Cantar de molinero" (num. 97). *Cancionero musical popular español*, vol. I, de Felipe Pedrell.

"Cantar de molinero" (num. 98). *Cancionero musical popular español*, vol. I, de Felipe Pedrell.

"Cantar de molinero" (num. 99). *Cancionero musical popular español*, vol. I, de Felipe Pedrell.

"Canto de tahonero" (num. 100). *Cancionero musical popular español*, vol. I, de Felipe Pedrell.

10
LOS MOLINOS EN LA OBRA
DE FRANCISCO RODRÍGUEZ MARÍN

Francisco Rodríguez Marín (Osuna, 1855-Madrid, 1943) fue un folclorista, paremiólogo, lexicólogo, cervantista y poeta español. Dirigió la Biblioteca Nacional de Madrid y fue académico de la Historia y director de la Real Academia Española. Se interesó por las canciones populares españolas a través de la Sociedad del Folk-Lore Andaluz, que cofundó en 1881. Su obra *Cantos populares españoles recogidos, ordenados e ilustrados por Francisco Rodríguez Marín* se publicó en Sevilla, por Francisco Álvarez y Cª. en 1882-1883. El ursaonense incluye en el tomo I de su obra las siguientes rimas infantiles:

181. Antier[1] noche y anoche
parió Joroba[2]
veinticinco ratones
y una paloma.
*La paloma tenía un **molino**,*
*donde Jorobita **molia su trigo.***
Detrás del molino había una vieja,
limpiándose el c... con una teja.
Detrás de la vieja había un viejo,
limpiándose el c.... con un pellejo.
Detrás del viejo había un muchacho,
limpiándose el c... con un capacho.
Detrás del muchacho había una muchacha,
limpiándose el c... con una capacha.
Detrás de la muchacha había un borrico
con su saya y su abanico[3].

232. San Miguer Arcánge,
la reoma,
er que puea
que s'esconda.
Arto,
serró,
***molino**,*

c...[4] *de cochino,*
pajariyo,
b'á la fuente.
bebe agua,
corre béte.

También recoge adivinanzas Rodríguez Marín, en el tomo I de sus *Cantos*, algunas coincidentes con las que hemos reproducido en otros capítulos:

324. Grada sobre grada;
sobre grada, molino;
*sobre **molino**, fuente;*
sobre fuente, reluciente;
sobre reluciente, monte;
sobre monte, ganado,
y el podador que viene a podarlo.
—La barba, la boca, la nariz, los ojos, la cabeza, los piojos y el peine.

600. Redondino, redondino.
*como la piedra de un **molino**.*
—El brocal del pozo.

607. Anda y anda toito'l año
y no ayega en cá e su amo.
—El molino.

608. Corre que te corre
y nunca traspone.
—La piedra del molino.

609. Vueltas y vueltas
doy sin cansarme;
cuando no bebo
paro al instante.
—El molino de agua.

*662. Sin ser mulo de **molino**,*
cuando boy á trabajar
voy con los ojos tapados
y las patas á compás.
—Las tijeras.

860 Porque no tengo agua
bebo agua;
que si agua tuviera
vino bebiera.
—El molinero.

861 Agua bebo
porque agua no tengo;
que si agua tuviera,
vino bebiera.
—El molinero[5].

En el tomo II, el folklorista de Osuna hizo acopio de algunas coplillas molineras que catalogó como «Requiebros»:

1222. Tienes los ojiyos grandes
como piedras e molino
y parten los corazones
como graniyos e trigo.

1642. Tengo un molino que muele
Asúca, canela y clabo:
Lo que mi chiquiya tiene[6].

En el tomo III de sus *Cantos populares*, Rodríguez Marín recogió otras composiciones que aluden a los molinos y a la dureza de sus piedras:

4313. No me bengas con belenes,
que me pones la cabeza
como molino que muele[7].

4901. Pensabas que te quería
con algunos desatinos,
y tengo yo el corazón
como piedra de molino.

5141. Todo el día estoy tranquilo
y en llegando la oración
una piedra de molino
parece mi corazón.

5142. Una piedra de molino
tengo yo en el corazón;

mira si para quejarme
tengo sobrada razón.

5446. ¡Mal haya mi poco edá
y mi poco entendimiento:
que puse yo mi queré
en un molino de viento!

5447. ¡Mira si tengo talento,
qu'en una resbalaera
puse un molino de biento!

5732. Buerbe tú ar cariño,
porqu'agüita pasá, compañera,
no muele molino[8].

En el tomo IV de sus *Cantos populares*, dentro del apartado «Teoría y consejos amatorios», Rodríguez Marín, recoge los siguientes:

6029. La aceituna en el molino
echa aceite y alpechín;
la mujer que quiere á muchos
no puede tener buen fin[9].

Encuadrados en los «Cantos sentenciosos y morales», aparecen estos:

6790. Molino que estás moliendo
el trigo con tanto afán,
tú estás haciendo la harina
y otros se comen el pan.

6821. En la puerta de un molino
me puse a considerar
las vueltas que ha dado el mundo
y las que tiene que dar.

Catalogado como «jocoso y satírico», el folklorista sevillano recogió este canto:

7408. Los gallegos en Galicia
dicen que no beben vino;
y con el vino que beben
puede moler un molino.

11
LOS MOLINOS EN LA OBRA
DE EUSEBIO VASCO

El folklorista e historiador Eusebio Vasco Gallego (Valdepeñas, 1860-1939) anotó un gran número de composiciones relacionadas con la vida en el molino. La mayor parte de ellas siguen la métrica de la seguidilla. La composición poética de la seguidilla, con origen en La Mancha, fue adoptada por la danza, convirtiéndose en el baile más popular en España, desde la Edad Moderna hasta su conversión en bolero, a finales del siglo XVIII. Estas seguidillas manchegas fueron recogidas por el folklorista valdepeñero, a principios del siglo XX, en sus *Treinta mil cantares populares*[1].

Las muchachas de Arenas
bajan a Angulo[2]*,*
porque en el molinito
juegan al burro.

El molino harinero de Molemocho, cuyo nombre original era Nuño Mocho, propiedad de la Mesa Maestral de la Orden de Calatrava, ya aparece citado en las visitas de dicha Orden en 1422. Actual Centro de Visitantes del Parque Nacional de las Tablas de Daimiel, constituye un espacio museístico de los molinos hidráulicos. Eusebio Vasco recuperó tres seguidillas y una cuarteta alusivas a dicho molino, que se cantaban en Daimiel a principios del siglo XX:

Si vas a Molimocho
dile a Pochela[3]
que le mande dineros
a la Manuela.

La piedra batanera[4]
de Molimocho,
ha molido esta noche
cincuenta y ocho.

Molimocho es la fama
de los molinos,

pero le echa[n] la pata
los Malvecinos[5].

Molimocho me da voces
Flor de Rivera[6] me llama,
las cantineras del Puente[7]
me dicen que no me vaya.

Molino de Molemocho (Daimiel), c. 1960. Centro de Interpretación y Documentación del Agua y los Humedales Manchegos (CIDAHM) de Daimiel.

En los *Treinta mil cantares populares* de Eusebio Vasco se contienen algunas seguidillas, de tema molinar, que citan localidades de la Mancha con molinos de agua y viento.

Si Valdepeñas soltara
en el Jabalón[8] sus vinos
aunque la lluvia faltara
molerían los molinos.

En el transcurso de la evolución del molino tradicional a la fábrica de harinas en centros urbanos, Eusebio Vasco anota una coplilla que alude a «La Panificadora», importante fábrica valdepeñera de principios del siglo XX. Vasco ofrece esta explicación en nota a pie de página (1).

En Valdepeñas, señores
dicen que van a fundar
una fábrica de harinas
que también cocerá pan (1).
Y de este modo

la vecindad
el pan barato
podrá comprar.

Panificadora de Valdepeñas. Postal de época. https://www.tesorosdelayer.com/esp/subseccion.php?fil=50&order=11&id=371&page=1

Asimismo, el folklorista de Valdepeñas, en los apartados dedicados a las localidades de Navalpino y Torrenueva (Ciudad Real), también hace referencia a la sustitución del molino tradicional por la fábrica de harinas, así como a otras novedades tecnológicas de finales del siglo XIX y principios del XX:

Navalpino, Navalpino:
¡Qué rico te vas a hacer
con la fábrica de harinas
y el teléfono también!

¡Qué hermoso está Torrenueva
con la fábrica de harinas,
la bodega de Morales
y San Antón a la orilla!

En los *Treinta mil cantares populares* (en realidad unos 9.000) encontramos una seguidilla localizada en Porzuna (Ciudad Real), otra en Valdepeñas y otra en Tomelloso, cuya letra se extendió por muchas provincias. El famoso grupo de música folk Mester de Juglaría la popularizó en su trabajo discográfico *Contentos estamos* (1980), formando parte de la tercera canción del disco, titulada «Jota de las labores»[9].

Con el aire que lleva
la boticaria
el Molino de Arriba
muele que rabia.

Con el aire que llevan
las infanteñas[10]
muelen los molinitos
de Valdepeñas.

Con el aire que llevan
las del Toboso
muelen los molinitos
del Tomelloso[11].

El molino de viento
muele que rabia,
con el aire que lleva
la secretaria.

Un tema recurrente es el mal proceder de molineros y molineras con la maquila y su posterior enriquecimiento. La siguiente seguidilla tiene su paralelo con las que se cantan en otras regiones de España; vid. Suárez (2016: 245). Antxon Aguirre (1989: 5) reproduce tres cuartetas, con este tema, en su obra *La molinería en la literatura y las tradiciones orales*.

Llevan las molineras
ricos collares,
porque roban el trigo
de los costales[12]

Eusebio Vasco también recogió en 1929 (tomo I), las siguientes cuartetas de tema molinar:

Una trucha se pasea
del molino por la presa
¡Cuántas cosas hace un hombre
que con el tiempo le pesan!

Con el ruido de las muelas
y el agua de los canales
festejo a la molinera
sin que lo sepan sus padres.

Tienes los ojitos grandes
como piedras de molino,
y partes los corazones
como granitos de trigo[13].

Yo he visto a un hombre llorar
a la sombra de un molino,
que también lloran los hombres
cuando están faltos de vino.

Si tuvieras olivares
como tienes fantasía,
el molino del aceite
todo el año molería.

En el tomo II de sus *Treinta mil cantares populares*, publicado en 1930, Eusebio Vasco anotó tres graciosas cuartetas y dos seguidillas:

Mira si tengo talento
y me valgo de mis mañas
que hice un molino de viento
con un papel y dos cañas.

A la fuente voy por agua
al molino por moler,
y a la calle de mi dama
por ver si la puedo ver.

El molino de viento
no muele ahora,
porque le falta el aire
que a ti te sobra.

La niña que yo adoro
tiene un molino
que muele mi esperanza
mejor que el trigo.

Si piensas que pienso en ti
no pienso ni lo imagino;
por otra acequia más honda
viene el agua a mi molino.

12
LOS MOLINOS EN LA OBRA
DE GARCÍA MATOS

Manuel García Matos (Plasencia, 1912-Madrid, 1974) fue un gran folclorista y miembro del Instituto Español de Musicología. Realizó estudios de violín, flauta, piano, armonía y contrapunto. En 1945 se le otorgó el Premio Nacional de Folclore, materia de la que llegó a ser catedrático en el Real Conservatorio de Música de Madrid[1].

A partir de 1955 impulsó una recolección general que fue editada en entregas sucesivas en 1960 y en 1970, y que en 1979 alimentaría la *Magna antología del folklore musical de España*, que incluía trescientas treinta grabaciones documentales del folclore musical de todas las regiones españolas[2]. Llegó a recoger más de 10.000 documentos musicales.

Tanto en su *Antología del foklore musical de España* (1959) como en su *Magna antología del folklore musical de España* (1979) encontramos composiciones alusivas a los molinos, como la que halló en La Coruña, titulada «Alalá»[3] ((1959) y (1979: 49)). En su *Antología del folklore musical de España, Segunda selección* García Matos (1970: 14) dijo del «alalá» que es el más peculiar canto de la tierra gallega.

> *O muiño xa val vello*
> *ten silveiras d'arredor-e.*
> *As mozas que van a ele*
> *todas perden o color-e.*
>
> *¡Ay! La la la, ¡ay! La la la,*
> *¡Ay! La la la, ¡ay! La la la,*
>
> *O muiño roda, roda.*
> *O rudicio fai-lo andar-e.*
> *A filla do muiñeiro*
> *rabea por se casar-e.*
>
> *¡Ay! La la la, ¡ay! La la la,*
> *¡Ay! La la la, ¡ay! La la la,*

Traducción:

El molino ya va viejo.
Tiene zarzas alrededor.
Las mozas que van a él
todas pierden el color.

¡Ay! La, la ...etc.

El molino rueda, rueda.
El rodezno lo hace andar.
La hija del molinero
rabia por casarse.

¡Ay! La, la ...etc.

"O muiño xa vai vello (alalá)", M. García Matos, *Magna antología del folklore musical de España*, Madrid, Hispavox, 1992, CD 2, pista 31 (*Estudio de la Magna antología del folklore musical de España de Manuel García Matos*, p. 383).

En su *Magna antología* (1979: 48) García Matos nos proporciona música y letra de una tonada lírica, titulada «El molino», procedente de la isla canaria de El Hierro, en concreto de la localidad de La Sabinosa[4]. Reproducimos las partituras que constan en el *Estudio de la Magna antología del folklore musical de España de Manuel García Matos,* beca de investigación en folklore convocada por CIOFF[5] España y el INAEM[6]para 2005.

Y este molino es de piedra
y la tolva es de cemento
que lo ha dejado mi Dios
para moler el sustento.

Yo solita estoy moliendo
sola con molino
pero al tiempo de comer
se me ajuntan los amigos.

Yo solita estoy moliendo
y no hay quien se duela de mí
que quien se solía doler
es mi amante y no está aquí.

"Este molino es de piedra (El molino)", M. García Matos, *Magna antología del folklore musical de España*, Madrid, Hispavox, 1992, CD 2, pista 17 (*Estudio de la Magna antología del folklore musical de España de Manuel García Matos*, p. 379).

También documentó García Matos en su *Magna antología* (1979: 49) un canto de labor denominado «De mazar o liño», que responde a la tarea de mazar el lino que se realizaba, durante el mes de agosto, en los pueblos de Galicia en que se cultivaba dicha planta textil. Tras ser ripada[7] y sumergida en agua, era mazada para desprender sus fibras:

Este e o tempo de troúpele troúpele
Este e o tempo de troúpelear.
Este e o tempo de mazar o liño.
Este e o tempo d'o liño mazar.

Fun o **muiño** *de meu compadre.*
Fun pol-o vento e vin pol-o aire.

Esta e cousa de ancantamento.
Ir pol-o aire e vir pol-o vento.

¡Ay, Salvora! ¡Ay, San Vicente!
¡Ay, Salvora! ¡Adiós!¡Mourente!
¡Ay, Salvora! Vou ver a ria,
qu ya entrou a escuadra
en Villagarcía.

Traducción:

Este es el tiempo de troúpele, troúpele.
Este es el tiempo de troupelear.
Este es el tiempo de mazar el lino.
Este es el tiempo del lino mazar.

*Fui al **molino** de mi compadre.*
Fui por el viento y vine por el aire.
Esta es cosa de encantamiento,
ir por el aire y venir por el viento.

¡Ay, Sálvora! / ¡Ay, San Vicente!
¡Ay Sálvora! ¡Adiós, Mourente!
¡Ay, Sálvora! Voy a ver la ría,
que ya entró la escuadra
en Villagarcía.

Molino de mareas del Pozo do Cachón en Muros (La Coruña), Centro de Interpretación.

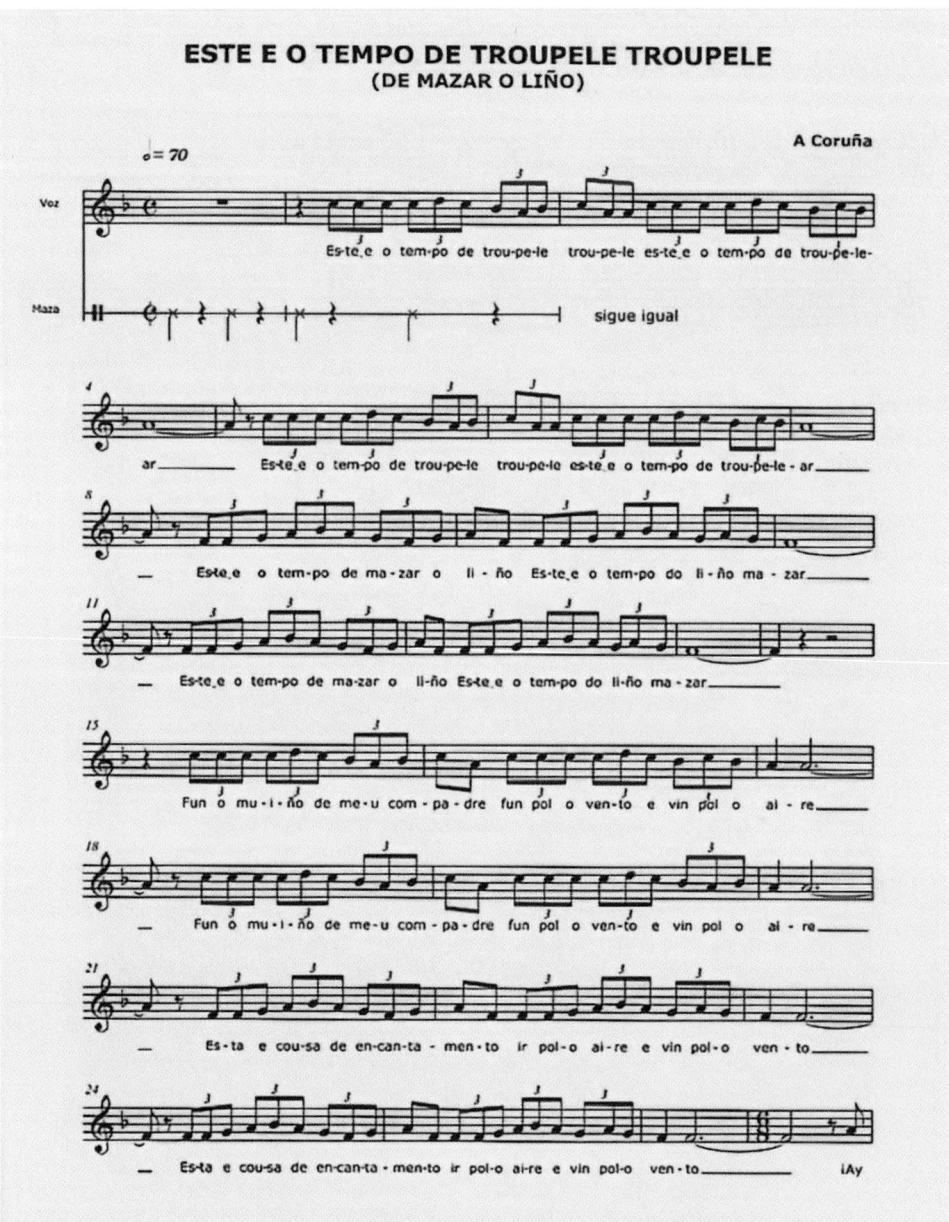

"Este e o tempo de troupele troupele (De mazar o liño)", M. García Matos, *Magna antología del folklore musical de España*, Madrid, Hispavox, 1992, CD 2, pista 32 (*Estudio de la Magna antología del folklore musical de España de Manuel García Matos*, p. 113).

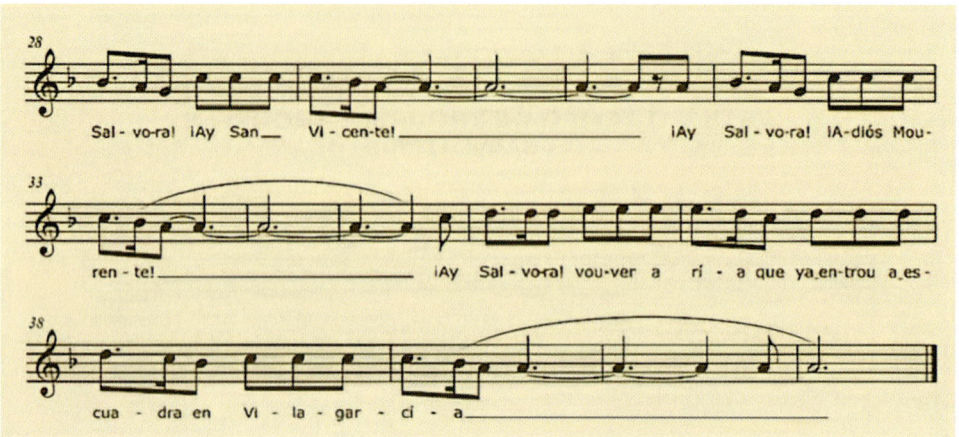

"Este e o tempo de troupele troupele (De mazar o liño)", M. García Matos, *Magna antología del folklore musical de España*, Madrid, Hispavox, 1992, CD 2, pista 32 (*Estudio de la Magna antología del folklore musical de España de Manuel García Matos*, p. 114).

13
LOS MOLINOS EN LA OBRA
DE AGAPITO MARAZUELA

Agapito Marazuela Albornos (Valverde del Majano, 1891-Segovia, 1983) fue un músico y folclorista español, concertista de guitarra y dulzaina. Dedicó gran parte de su vida a la recuperación del folclore musical castellano (canciones populares, tonadas y romances, melodías para tamboril y dulzaina, y bailes populares)[1].

En su obra *Cancionero segoviano*[2] incluye las partituras de varias canciones de tema molinar:

109. «Canto de cerner la harina» (Martín Miguel)
139. «Canto de la molinera». De Rufino Torres (Navas de San Antonio).
238. «Que vengo del molino» (Canción del siglo XIX) (Adrados, Cuéllar).
256. «La molinera» (Jota). De Rufino Torres (Navas de San Antonio).

"Canto de cerner la harina", partitura núm. 109 del *Cancionero segoviano*, de Agapito Marazuela.

En YouTube[3] podemos reproducir una grabación de Agapito Marazuela interpretando «Vengo de moler», versión de Maello (Ávila), procedente de su disco *Folklore castellano (Segovia, Ávila y Valladolid)*.

En su *Cancionero de Castilla*, con el número 139 recoge el «Canto a la molinera»:

LA MOLINERA

Gasta la molinera
ricos pendientes,
de la harina que roba
a los clientes.

Que la molinera
no tiene mandil,
sacaremos del saco
otro celemín.

"La molinera (Jota)", partitura núm. 256 del *Cancionero segoviano*, de Agapito Marazuela

ESTRIBILLO:
La molinera
pica la piedra
con aire que vuela.

"Canto de la molinera", partitura núm. 139 del *Cancionero segoviano*, de Agapito Marazuela.

En el apartado de las tonadas bailables, Marazuela, en relación con «la molinera», apuntó:

«A las molineras se les ha dedicado muchas canciones en casi toda España, pues es raro el cancionero que no tiene alguna canción dedicada a ellas. En el cancionero segoviano que nosotros damos, van cuatro o cinco versiones distintas. Felipe Pedrell, en el primer tomo de su *Cancionero español*, en la página 89 y con el número 99, tiene una tonada dedicada a la molinera, cuya letra tiene cierta semejanza con la que nosotros damos; pero la música es completamente distinta, pues la tiene en 214 y en sol mayor. Ledesma tiene tres versiones de la molinera: una en 214, otra en 314 y otra en compás de 518; esta última es la más parecida a la nuestra, pero no es igual el ritmo melódico ni tan extensa, pues tiene 12 compases, y la de nuestro cancionero, 20; en la de Ledesma aparece sin acompañamiento, y nosotros las damos con acompañamiento de almirez, cuyo ritmo coincide con el ruido del molinete de la tolva; está escrita también en 5/8 y en tono menor».

En su *Cancionero de Castilla*, Marazuela incluyó, con el número 173 (p. 338), una versión de «La molinera y el corregidor», de Villacastín (Segovia), denominada «La molinera». Marazuela puntualizó:

«El otro es el popular de "La molinera y el corregidor", en el que Pedro Antonio de Alarcón se inspiró para escribir "El sombrero de tres picos" con la diferencia de que en la obra de Alarcón no se consuman los hechos y en el romance sí. Nosotros le damos con toda su pureza. El tema musical tiene gran interés, tanto por su ritmo. Este romance aparece también en el "Cancionero" de Ledesma. en la página 198, número 40 de la Sección de Romances. Pero hay bastante diferencia con el que damos nosotros, pues el de Ledesma no tiene el primer tema, que consta de dos frases, y el estribillo no es igual, pues aunque le tiene en 314, el metrónomo marca 120 negras y en el nuestro son 80. En el de Ledesma carece de acompañamiento rítmico, y en éste lleva un ritmo muy antiguo que usaban los tamboriteros del siglo XIX en los bailes de rueda».

Y, con el número 238, incluyó el fandango «Que vengo del molino» (p. 361):

QUE VENGO DEL MOLINO

El dulzaneiro de Aranda
-tururú-
ya no toca las perdices,
porque le ha salido un grano
-tururú-
en medio de las narices.

ESTRIBILLO

Que vengo del molino,
que vengo de moler,
que vengo del molino,
que tengo de volver.

Pues le ha picado una pulga
-tururú-
no se la puede arrascar
el pobrecito arandino
-tururú-
se ve muy mal pa tocar.
(Al estribillo).

En su *Cancionero de Castilla* (p. 362), con el número 244, también tenemos la letra de la copla «Que vengo de moler»:

QUE VENGO DE MOLER

Vengo de moler, morena,
de los molinos de arriba,
duermo con la molinera,
olé, olé, olé,
no me cobra la maquila
que vengo de moler, morena.

"Que vengo del molino (Canción del siglo XIX)", partitura núm. 238 del *Cancionero segoviano*, de Agapito Marazuela.

> *Vengo de moler, morena,*
> *de los molinos de abajo,*
> *duermo con la molinera,*
> *olé, olé, olé;*
> *no me cobra su trabajo,*
> *que vengo de moler, morena.*
>
> *Vengo de moler, morena,*
> *de los molinos de enmedio;*
> *duermo con la molinera,*
> *olé, olé, olé;*
> *no lo sabe el molinero*
> *que vengo de moler, morena*

Con el número 256 (p. 179) incluye la «Jota de la molinera», que ya hemos reproducido anteriormente, pues es la misma que la de su *Cancionero segoviano*.

14
LOS MOLINOS EN LA OBRA
DE PEDRO ECHEVARRÍA

Pedro Echevarría Bravo[1] (Villalmanzo, Burgos, 1905-Madrid, 1990), autor del *Cancionero musical manchego*, fue director de bandas de música y folklorista, habiendo participado en los concursos celebrados en las décadas posteriores a la postguerra española.

Echevarría dedicó a los molinos tanto la portada (dibujo de Gregorio Prieto) como el «grupo» octavo de su *Cancionero* a las «Canciones de laboreo y del molino». Las páginas 109 a 112 recogen varias coplillas de tema molinar como aquella que dice:

> *A la puerta del molino*
> *dejé atado el animal;*
> *cuando sali a deshora*
> *no quedaba ni el ronzal.*

En la página 110 de su *Cancionero* podemos leer una poesía del criptanense Juan José Escribano de la Torre, a quien reivindica.

> *Molinos de Criptana, los de severos trazos,*
> *enhiestas caperuzas y corpulentos brazos...*
> *Molinos de la tierra, que ante el caballo ensancha*
> *más allá del océano. Molinos de la Mancha,*
> *que habéis visto el desfile, por aquellos caminos,*
> *polvorientos, de reyes, cautivos, peregrinos,*
> *de pálidas princesas y soeces arrieros,*
> *clérigos, galeotes, yangüeses, cuadrilleros,*
> *el ventero. Crisóstomo, el Duque, Dorotea,*
> *Merlín, Maese Pedro, Camacho, Dulcinea,*
> *vizcaínos y dueñas, y jaulas de leones,*
> *y escuderos... ¡Oh, miedo de Sancho!... narizones.*
> *Molinos del Quijote, gladiadores heridos*
> *que estáis desvencijados, dolientes, carcomidos;*
> *mutilados, deshechos, olvidados, vencidos.*

Según el maestro Echevarría:

«de Campo de Criptana soplan siempre las más suaves brisas cervantinas, que tienen aromas y perfumes de viejas cantigas ancestrales, como aquel "retintín" a que se refiere la copla molinera, que simboliza la medida para la maquila»:

Tin... tin...
de cada fanega
un celemín;
Y si la molinera
tiene roto el jubón
un celeminón.
Y no me vengas
con tranquillas
que te meto
la cuartilla.

Sigue relatando Echevarría en su *Cancionero* que existen muchas coplas de este género donde:

«hormiguean las metáforas de cazurra intención [y que en ellas] el color vivo de que está dotado el carácter manchego, para inventar cuanto le viene en gana».

Veinticinco molinos
hay en la sierra.
Veinticinco ladrones
andan en ella!

En otra de las seguidillas que aporta Echevarría en su *Cancionero* hasta podemos conocer los nombres de algunos de los 34 molinos del cerro criptanense:

Zaragüelles, la Cana
y Pintocerrillo[2]
le han echao una planta
a Escribanillo.

La que reproducimos a continuación no viene en el *Cancionero* de Echevarría, pero la reproducimos para completar el tema a que nos referimos.

«*Subí con mis costales,*
bajé sin ellos.
Molinera del «Pinto»
ya no me acuerdo...»[3].

Portada del *Cancionero musical manchego*, de Pedro Echevarría, edición de 1951. Dibujo de los molinos por Gregorio Prieto.

Echevarría (1951: 237) describe, también en su *Cancionero musical manchego*, con el numero 39 y el título «Amor mío, corta un pino», la estrofa de una rondeña de tema molinero:

> *En la puerta del molino*
> *me puse a considerar*
> *las güeltas que da la piedra*
> *para moler un costal.*

En la misma obra de Echevarría aparece la canción de ronda «Labrador ha de ser», en la que se rehúsa el oficio de molinero por la mala fama de la maquila. Antonio Vallejo (2020: anexo 27) la denomina «El maquilandero» en su obra *De apodos y música*. Reproducimos un fragmento de la partitura y la letra de la canción:

Labrador, labrador ha de ser,
labrador el que me ha de querer.
No le quiero molinero,
porque le llaman «el maquilandero».

"Labrador ha de ser", partitura núm. 168 del *Cancionero musical manchego*, de Pedro Echevarría.

Gracias a la universalidad de los buscadores de Internet, hemos encontrado una versión anterior a la de Echevarría. Se trata de la composición «El molinero. Canción burgalesa», atribuida a Antonio José; es su obra para voz y piano más conocida, al haber sido publicada por la Unión Musical Española en 1935[4]. En el grupo Mazantini llevábamos décadas interpretando esta canción, al menos desde 1979, atribuyéndola a la investigación de Pedro Echevarría; ahora hemos conocido que, según la página web Liederabend:

> «Antonio José es un compositor burgalés asesinado en la guerra civil sobre el que se impuso el silencio. En torno a los años 80 se comenzó a recuperar su figura y su música sobre a partir de los esfuerzos realizados por su biógrafo Miguel Ángel Palacios Garoz»[5] .

No obstante, en el Fondo de Música Tradicional aparecen otras versiones, anteriores a la de Antonio José, como esta del informante Casto Gómez, de Candeleda (Ávila) en 1932:

> *Allá arriba en aquella montaña*
> *yo corté una caña*
> *yo corté un clavel,*

Primera página de la partitura de "El molinero. Canción burgalesa", de Antonio José, edición musical realizada por José Antonio Morcillo para Raquel Andueza, revisada por Raquel del Val, Monte Heliconio Editores, 2024.

labrador, labrador,
labrador ha de ser.

No lo quiero molinero,
que me voy
con el maquilandero.
Yo lo quiero muladar,
que coja la mula
y se vaya a arar.
Y a la media noche
me venga a rondar
con una buena guitarra
y un gran almirez
y una pandereta
que repique bien.

Y eres mi primita amada
mi primita amada eres.
¡Bendita sea la rama
que echa tan lindos claveles!
Allá arriba en aquella montaña
yo corté una caña
yo corté un clavel,
labrador, labrador,
labrador ha de ser,
labrador, labrador,
¡que mi amante lo es![6]

También en el Fondo de Música Tradicional aparece otra versión, del informante Doroteo (Zayas de Báscones), procedente de las grabaciones de Schindler[7] en 1932.

Una gran aportación a la etnografía molinar y a la toponimia del Alto Guadiana, por la enumeración de los molinos en orden al curso del río, es la que Echevarría recogió en el concurso 11, con el título de «Romance de las Lagunas de Ruidera»[8]. Podemos consultarla en el Fondo de Música Tradicional[9].

NACIMIENTO DEL RÍO GUADIANA

Es alegre y deliciosa
la innumerable Ruidera
con anchurosas lagunas
y sus inmensas praderas.
Trabajan los campesinos

entre aquellas alamedas,
y en el canto de ruiseñores
divierte a aquellas vegas.
Las robustas campesinas,
entre verdores envueltas
hacen guirnaldas de flores
y en diversiones emplean
el tiempo, como la Venus,
Juno, Diana, Minerva,
¡Parecen las mismas diosas
con su garbo y gentileza!
y su extremada hermosura
deja chiquita a la Grecia.
Catorce son las Lagunas
pero las aguas primeras
nacen en «Las Fuentecillas»
principio de la Ribera.
Pasa por «Laguna Blanca»
¨La Tomilla», «La Sampedra»,
«La Morcilla» y «Redondilla»,
y a «Santo Morcillo» llega.
Cruza «La Salvadora»
entre verdores y selvas
«La Batana», «La Colgada»
y en medio de las junqueras
a la Laguna del «Rey» llega
que en el mundo se venera
por su bravo nacimiento
en toda la España y fuera.
Mas un hijo echaste al mundo
que un gran territorio riega.
Pasa por la «Cueva Morenilla»,
«El Cenegal», «Las Gemelas»,
*Atraviesa «**Miravete**»*[11]
*y las **fábricas eléctricas**.*
Corre por la «Huerta de Aguas»
sin olvidar «Moraleja»
cruzando el «Atajadero»
y después la misma Sierra
donde se erige el castillo
de la Santa Madre nuestra.
*Cruza el molino «**La Parra**»*
Y aquella espaciosa vega

que lleva el nombre de Hungría
*y en **tres molinos** tropieza.*
*Uno es «**Santa Catalina**»*
*a «**San José**» pronto llega*
*también a «**Santa María**»*
y cruza el puente de madera.
*En el **molino** «**San Juan**»*
derrama sus aguas frescas
y la compuerta del «Ladrón»
une dos corrientes recias.
Por su hendidura furioso
«El Terronal» atraviesa
*y el **molino del** «**Membrillo**»*
dotado de fuertes piedras
va regando los terrenos
de esta poderosa huerta.
En Argamasilla de Alba
desemboca con su fuerza
por en medio de la plaza
saludando a las manchegas
que tanta fama les dio
en las frases quijotescas
de aquel genio sin segundo
Miguel Cervantes Saavedra.
Y se marcha muy contento
que de risa bailotea
con sus olas por el aire
tropieza con las compuertas
*del **molino** «**San Antonio**»*
después de la Fuente Nueva
La cruza sin pararse
*hasta ver «**La Membrilleja**»*
un molino de importancia
no por edificio y piedras
sino por la antigüedad
que habita en esa ribera.
Por su cauce va furioso
corriendo se va, que vuela
*y en el «**Molino del Cuervo**»*
va empujando sus compuertas.
Después que presta servicio
a aquellas voladas piedras
huyendo por sus corrientes

a «Mantarrós» se lo deja
sin decirle una palabra
y se emboca en la Alameda
que su nombre propio es
«Alameda de Cervera».
Pasa por los caseríos
y a aquella espaciosa vega
saluda a «Villacentenos»
con palabras muy honestas,
mas este lo despreció
¡cólera de él se apodera!
Y le dice muy resuelto:
—No me ganarás a fuerza
que sobre ti me desbordo
y te convierto en almejas
y andarás en mis entrañas
arrastrado en mis arenas.
Mas la Providencia oyendo
estas palabras severas
le dijo al río: —¡Detente!
Y se lo tragó la tierra.
Viéndose tan oprimido
entre rocas y entre arena
al punto dijo: ¡Dios mío,
tened piedad y conciencia!
Si alguna culpa he tenido
perdonad la falta nuestra.
Como es sumamente bueno
le concedió la propuesta
¡Sal arriba!, éste le dijo
y saliendo a flor de tierra
agregó: ¡Gracias Dios mío
que me encuentro en mi ribera!
Pues no ha sido mucho trecho,
total: unas siete leguas.
Cogí mi ribera abajo,
cruzando la carretera
de Villarrubia los Ojos
y aquella espaciosa vega
dándole el pan a los pobres
remojando aquellas tierras
de Ciudad Real y Badajoz
orillas de una frontera

según dicen de Portugal
que antes de España lo era.
Crucé la frontera abajo
no quise bañar su tierra
por no ser de su país
donde es mi madre, la Reina.
Iba yo muy anchuroso
apartado de las penas
y cuando menos recordé
vi que me faltaba tierra
y el mar con gran avidez
me tragó, ¡Oh, suerte negra!
Le llaman el Océano
En toda la gran esfera
¡Adiós, madre de mi vida!
¡Adiós la región manchega!
Ya no te volveré a ver;
me perdí en la mar serena.
¡Fértiles campos manchegos
donde se crían las cepas
que echan el hermoso caldo
para que yo me lo beba!

Transcripción de la nota mecanografiada de Pedro Echevarría:

«NOTA: Este romance fue recogido en Tomelloso el día 15 de mayo de 1946, recitado por el carbonero Pedro Olmedo Lomas, natural de dicha ciudad, donde actualmente vive, de 55 años de edad, cuyo Romance aprendió de oírlo a sus padres, ya que suele recitarse en las reuniones que tienen en el campo los viñeros y cuando trabajan en las "Quinterías"».

15
LOS MOLINOS EN LA OBRA
DE LUIS PUERTA ZARZUELA

En el gran trabajo de investigación, de Luis Puerta Zarzuela, denominado *Danzas procesionales de la provincia de Cuenca*, publicado por la Diputación Provincial de Cuenca en 2022, se recogen partituras y letras de 37 localidades de la provincia y del Septenario de la Virgen de Tejeda. En cinco de las localidades se han conservado seis danzas que hacen relación a los molinos: Almonacid del Marquesado, Castillejo del Romeral, Cuevas de Velasco, Velderpino de Huete y Villalba del Rey. Asimismo, el autor conserva grabaciones videográficas de cuatro de ellas:

«Que ¿en qué?», de Castillejo del Romeral
«El molinerito», de Cuevas de Velasco
«El pajarito», de Cuevas de Velasco
«El molinillo», de Velderpino de Huete

15.1. «LA MOLINERA», DE ALMONACID DEL MARQUESADO

Las danzas de Almonacid del Marquesado en honor a san Blas y la Virgen de la Candelaria fueron estudiadas exhaustivamente por Caro Baroja[1]. Se caracterizan por la existencia de dos grupos con cualidades contrapuestas: los «diablos» y las «danzantas». Mientras los diablos visten estrafalariamente, producen gran estruendo con sus cencerros y no guardan un ritmo de conjunto, las danzantas llevan prendas delicadas, acicaladas con sumo cuidado y esmero, bailan al son rítmico de la música, recitan versos y deben guardar una coreografía cuidadosamente ensayada. Los espectaculares saltos y danzas de los diablos tienen su debido contrapunto en los acompasados movimientos de las danzantas al son de la dulzaina y el tambor[2]. Los diablos son miembros de una hermandad religiosa denominada «La Endiablada», compuesta por unos ciento treinta varones, todos ellos hijos del pueblo, que visten llamativos trajes estampados y portan grandes cencerros que hacen sonar, bien durante sus vueltas por el pueblo, bien durante las danzas en la procesión o dentro de la iglesia. Las danzantas son un grupo de diez mujeres que, al contrario de los diablos, danzan al son de la música, desarrollando ciertas coreografías y portando una esmerada vestimenta. Dulzaina y tambor son los dos instrumentos que acompañan las danzas de Almonacid, ocupándose este último instrumento de marcar los dos ritmos principales[3].

Las danzantas constituyen un cuerpo de danza actualmente constituido por ocho danzantas más «palillera» y «alcaldesa» de la danza. No siempre fue así y, hasta los años 80, los danzantes eran hombres. Ya desde los años 60 los danzantes faltaron algunos años a la fiesta y fue en 1981 cuando por primera vez tomaron el relevo las mujeres, conservando aún el «alcalde» y el «palillero» cierto componente masculino en las danzas. Desde 2012 la danza es puramente femenina[4].

Danzantas de Almonacid del Marquesado (Cuenca). https://www.guiarepsol.com/es/viajar/vamos-de-excursion/endiablada-almonacid-del-marquesado/

Los paloteos, ejecutados por las danzantas, suelen hacerse el día 2 por la tarde (antes y después del lavatorio) o bien el día 4 por la mañana. Las danzas de los paloteos se hacen en ritmo binario, aunque siempre acaban con el característico 7/8 para volver cada una a su puesto en la formación. Existen diferentes paloteos, cada uno con su coreografía específica: «la molinera», «el pepino gordo», «marcha real», «las trompetillas», «el ratón», etc. En estas danzas, se chocan los palos entre las danzantas mientras se entrecruzan en sus coordinados movimientos. Parece ser que estas danzas, comunes en el folklore hispano, son herederas de las antiquísimas «danzas de las espadas», provenientes del mundo celta, que serían practicadas por los guerreros[5].

Luis Puerta realizó la partitura de uno de los paloteos, denominado «La molinera».

"La molinera", de Almonacid del Marquesado (Cuenca). Partitura de Luis Puerta Zarzuela.

15.2. EL «QUE ¿EN QUÉ?», DE CASTILLEJO DEL ROMERAL

Esta danza de paloteo se inicia, durante la procesión de san Bartolomé, en una pequeña plaza que se ensancha hacia la calle de la Vega. Su letra es típica de la literatura clásica española. Narra los amores de los mozos de los pueblos, que iban a visitar a las jóvenes molineras de los molinos harineros cercanos. Tras los juegos amorosos en el molino, era inevitable acabar manchados de la harina con la que ellas trabajaban. El apelativo «pajarito» del que habla el paloteo, en este caso, alude a esos mozos.

> *Pajarito que vas*
> *al extremo te dice el amor*
> *que ¿en qué?*
> *que ¿en qué molino has estado*
> *que tan blanco te ha puesto el sol?*

15.3. «EL PAJARITO», DE CUEVAS DE VELASCO

En el blog de Cosas de Cuevas de Velasco[6]se recoge, con el número 11, la letra de esta danza, anotando que se trata de:

«un paloteo o lazo, como llaman los musicólogos a cada pieza, de pilares, con una letra enigmática».

¿Que en qué molino has entrado
que tan blanco se puso el sol?
Pajarito que vas al extremo
y dice el amor: ¿que en qué,
que en qué molino has entrado
que tan blanco se puso el sol?

Paloteo "Que ¿en qué?", de Castillejo del Romeral (Cuenca). Partitura de Luis Puerta Zarzuela.

15.4. «EL MOLINERITO», DE CUEVAS DE VELASCO

Las de Cuevas de Velasco son danzas procesionales que se ejecutan durante la procesión del Santísimo Cristo de la Misericordia y de la Salud.

"El molinerito", paloteo de Cuevas de Velasco (Cuenca). Partitura de Luis Puerta.

Según Antonio Ballesteros[7], en el *Libro de la Hermandad del Santo Niño*, folio 6 vuelto, podemos leer que, en 1624, hubo una danza. También apunta Ballesteros que, en el *Libro 2º de Bautismos*, se anotó que, en febrero de 1628, con motivo de unas rogativas para pedir lluvia, hubo danzas y una comedia. Estos datos nos muestran la antigüedad de estas manifestaciones folklóricas. Lo curioso de este paloteo es que se baila «a la pata coja». La letra dice así:

> —*Con el ¡tris! ¡tris! ¡tris!*
> *con el ¡tras! ¡tras! ¡tras!*
> —*Molinerito: ¿cómo no mueles?*
> —*Porque se beben el agua los bueyes[8].*
> —*Molinerito: ¿con qué molerás?*
> —*Con el ¡tris! ¡tris! ¡tris!*
> *con el ¡tras! ¡tras! ¡tras![9].*

Danzantes de Cuevas de Velasco (Cuenca). Blog de Cosas de Cuevas de Velasco. https://cuevasdevelasco.blogspot.com/2016/04/de-la-danza-en-la-pesquera-la-danza-de.html

15.5. «EL MOLINILLO», DE VELDERPINO DE HUETE

En esta localidad del municipio de Huete hubo un molino: el denominado «de Espantaperros». Conserva una danza de paloteo con una letra parecida a la de Cuevas de Velasco.

> *Pobre molinillo*
> *¿cómo moverás?*
> *Con el ¡tris! ¡tris! ¡tris!*
> *con el ¡tris! ¡tris! ¡tras!*

"El molinillo", paloteo de Velderpino de Huete (Cuenca). Partitura de Luis Puerta.

15.6. «EL MOLINERILLO». DE VILLALBA DEL REY

Durante los días 19, 20 y 21 de enero, con motivo de la festividad de san Sebastián, patrón de la localidad, se realiza esta danza de paloteo. Luis Puerta adaptó, para dulzaina, la partitura realizada por el catedrático de música José Torralba[10].

Danza de paloteo en Villalba del Rey (Cuenca). Vídeo de Moni Bieber, 2017.
https://www.facebook.com/watch/?v=375024409524094

"El molinerillo", paloteo de Villalba del Rey (Cuenca). Partitura de Luis Puerta.

La letra de este paloteo, que nos recuerda a la de «El pajarillo» de Cuevas de Velasco y a la del «Que ¿en qué?» de Castillejo del Romeral, dice así:

> *—¿En qué molino has estado*
> *que tan blanco te ha puesto el sol?*
> *—El molino Alcantarilla*
> *molina el tío Melitón.*
> *—Molinerillo:*
> *¿Cómo no mueles?*
> *—Porque se beben el agua los bueyes*[11].
> *—Molinerito, tú molerás*
> *con el tris-tris-tris*
> *con el tris-tris-tras.*

16
LOS MOLINOS
Y GREGORIO PRIETO

A Gregorio Prieto Muñoz (Valdepeñas 1897-1992) se le llamó desde 1981 «el pintor de los molinos». Asociado a la Generación del 27, le debe España la conservación de los últimos molinos de viento de La Mancha, como fundador de la Asociación de Amigos de los Molinos. También intervino en la conservación de molinos de Mallorca, Alicante, Andalucía, Murcia, etcétera. En premio a esta labor, el Ayuntamiento de su ciudad natal construyó el mayor molino de viento del mundo, convirtiéndolo en un museo que lleva su nombre; a su lado, abrió el Museo de los Molinos.

En su libro *Molinos* recoge multitud de referencias molinológicas (canciones, adivinanzas, refranes, etc.), así como un sinfín de dibujos y óleos de molinos de viento.

Gregorio Prieto (1974: 124) recogió estas coplillas:

> Veinticuatro molinos
> hay en la sierra:
> veinticuatro ladrones
> viven en ella.
> Tin, tin:
> de cada fanega,
> un celemín.
> Si es para un rico,
> una para el borrico:
> si es para un pobre,
> otra para que sobre,
> y si la molinera tiene roto el jubón,
> un celeminón.

Lamenta el pintor valdepeñero la injusta mala fama de los molineros que produjo tantas coplillas maliciosas. Relata que, cuando los molineros:

> «me veían merodear cerca del molino, con una carpeta, creían que formaba parte de la "fiscalía", mas, cuando me acercaba a ellos amigablemente, sintiéndome su defensor, se confesaban a mí, contándome sus penalidades».

En su voluminoso libro, Gregorio Prieto reproduce seguidillas manchegas alusivas a los molinos:

Al Campo de Criptana
van mis suspiros
tierras de mozas guapas
y de molinos.

Prieto (1974: 129) reproduce tres seguidillas y otra estrofa recogidas por Rodríguez Marín[1]:

Pajarito que anidas
en la ribera
dime si es «güena» chica
la molinera.

Con el aire que lleva
la boticaria
el molino de «Arriba»
muele que rabia.
La molinera chica
dice a la grande:
Como tú te has casado
quiero casarme.

La molinera
le da a la piedra
con aire, con aire,
que muela.

También recoge Prieto estas difundidas y malintencionadas seguidillas:

Tiene la molinera
ricos percales,
de la harina que roba
de los costales.

Gasta la molinera
jubón de puño
y al pobre molinero
lo lleva «esnudo».

Tiene la molinera
ricos pendientes
con la harina que roba
a los parientes.

Gregorio Prieto (1897-1992), Molinos de Consuegra, ca. 1955, 146,2 x 146,2 cm, óleo sobre lienzo. Museo Gregorio Prieto. https://gregorioprieto.org/obras/molinos-de-consuegra/

Aludiendo al escarnio del molinero, el pintor de los molinos presenta otros versos que ahondaron en la mala fama de los molineros:

—Pícaro molinero:
¿Por qué has pegado
a la molinera
que va llorando?

—La he pegado
porque junta la harina
con el salvado.

A la puerta del molino
dejé atado el animal
cuando salí a deshora
no quedaba ni el ronzal.

Vengo de moler, moler,
de los molinos de arriba,
me quiere la molinera,
no me cobra la maquila.

Gregorio Prieto (1974: 131) muestra en su libro una parte del poema «La mujer manchega» que el mismísimo Antonio Machado le dedicó:

(…)
encantos de manchegos y madres de españoles
por tierras de lagares, molinos y arreboles
(…)
Por esta Mancha –prados, viñedos y molinos–
que so el igual del cielo iguala sus caminos,

Gregorio Prieto relataba que, para lograr un gran número de refranes de molinos y molineros, recurrió a su admirado amigo el doctor Antonio Castillo de Lucas, médico y discípulo de Rodríguez Marín y presidente, en 1966, de la Asociación Española de Etnología y Folklore.

17
LOS CANTARES DE RENERA
(GUADALAJARA)

En la *Revista de Dialectología y Tradiciones Populares*, núm. XXVI de 1970, se publicó, en el apartado «Archivo», «Cantares de Renera (Guadalajara)», de José de la Fuente Caminals.

Renera es una pequeña[1] localidad de la Alcarria en la que las rondallas de mozos y casados tenían la costumbre de cantar, con motivo de la fiesta de San Maximino mártir. Su fiesta se celebraba el lunes siguiente al tercer domingo de septiembre, con misa solemne, sermón y procesión, y en lo profano con bailes y corridas de toros (De la Fuente: 1970: 151). Los mozos cantaban por las calles del pueblo durante toda la noche de la víspera y los casados durante toda la noche de la fiesta. Iban rondando hasta que tocaban a misa al día siguiente. Cantaban casa por casa, acompañados de guitarras y bandurrias[2]. El repertorio era abundantísimo, lo que motivó al citado autor a recopilarlos. Actualmente las fiestas se celebran el primer fin de semana de agosto.

El artículo de De la Fuente se divide entre los cantares de Renera y los de «otras procedencias». Entre los primeros se encuentran, encuadrados en el grupo de «Picarescos», los siguientes:

> *¡Qué polvo tiene el camino!*
> *¡Qué polvo la carretera!*
> *¡Qué polvo tiene el molino!*
> *¡Que polvo la molinera!*

> *Al molino fui una tarde*
> *y a la molinera vi*
> *y encima de los costales*
> *el polvo la sacudí[3].*

En el grupo de «Seguidillas» se recogen dos, la segunda muy extendida:

> *Ayer tarde te he visto*
> *junto al molino;*
> *¡qué bien me pareciste*
> *desde el camino!*

Gasta la molinera
zapatos blancos
y el pobre molinero
anda descalzo.

En cuanto a los «Cantares de otras procedencias», De la Fuente recogió un cantar transmitido por J. Muñoz, de Zaragoza:

¿Cuándo querrá Dios del cielo
que me convierta en pollino
pa' tresportar a mi novia
dende su casa al molino?

18
LOS ÚLTIMOS PLIEGOS DE CORDEL

Aparte de remitirnos a los pliegos que hemos reproducido en capítulos anteriores, reproducimos uno del siglo XX, titulado «Mi marío». Tuvimos la oportunidad de recogerlo parcialmente, en forma manuscrita, en Horcajo de los Montes (Ciudad Real), de boca de su informante Ana Marfil[1], en 2007. Sus cuartetos asonantes y la quintilla consonante del estribillo nos evocan al *Romancero gitano* y al cante flamenco. Gracias a Ana pude iniciarme en el mundo de los pliegos de cordel; años después escribí mi primer libro sobre este maravilloso mundo y realicé sendas exposiciones sobre la magna colección del catalán y gran amigo Joan Graells[2].

MI MARÍO

Vete a tu molino, mala molinera.
Vete y no me robes mi dicha y mi paz
que pierdo el sentío igual que una fiera.
Cegá por los celos te voy a matar.
¡Maldito el sendero que a ti te ha traío!
¡Maldita la hora que te conocí
y to el que en tus labios veneno ha bebío
prendío en tu encanto de bruja zahorí!

Estribillo
Róbale brisas...al río.
Róbale coplas al viento,
pero respeta lo mío.
Que ese hombre es mi marío
y eso...no te lo consiento
II
Penas pa tu pecho, pa' tus ojos llanto.
Llagas pa tus manos, sangrando tus pies.
Que nadie se apiade del duro quebranto.
Que marque tu rostro con hambre y con sed.
Que nadie se acerque jamás a tu vera.
Que nadie se duela de tu gran dolor

y griten, al verte: —¡Es la molinera
maldita del mundo, maldita de Dios![3],

Mi Marío

Vete a tu molino mala molinera
vete y no me robes mi dicha y mi paz
que pierdo el sentio igual que una fiera
cegá por los celos te voy a matar.
Maldito el sendero,
que a ti te ha traío
maldita la hora
que te conocí
y to el que en tus labios veneno ha bebío
prendío en tu encanto
de bruja sahorí.

ESTRIBILLO

Róbale brisas... al río
róbale coplas al viento
pero respeta lo mío
que ese hombre es mi marío
y eso... no te lo consiento

II

Penas pa tu pecho, pá tus ojos llanto
llagas pa tus manos, sangrando tus pies
que nadie se apiade del duro quebranto
que marque tu rostro con hambre y con sed
Que nadie se acerque
jamás a tu vera
que nadie se duela
de tu gran dolor
y griten al verte, es la molinera
maldita del mundo
maldita de Dios.

Pliego de cordel "Mi marío". [Madrid]: Imprenta R. de Llano, [1949]. Fundación Joaquín Díaz - Signatura: PL 2895. https://funjdiaz.net/pliegos-listado.php?id= 2895&qry=Mi+mar%C3%ADo

La colección de Anselma Fernández de Mera[4] dio pie a la publicación *Pliegos de cordel difundidos por La Mancha.1900-1950*, gracias a la Federación Castellano-Manchega de Asociaciones de Folklore y a la oportunidad que me ofreció el coordinador de los cuadernos castellano-manchegos de Etnografía Rafael Cantero Muñoz. En dicha colección podemos leer el pliego titulado «La hija del molinero».

LA HIJA DEL MOLINERO

NUEVO EJEMPLAR DE DOCE MOZOS QUE POR UNA APUESTA DESENTERRARON EL CADAVER DE UNA MOZA DE 19 AÑOS DE EDAD. A LOS TRES DIAS DE DARLA SE-PULTURA, CON LO DEMAS QUE VERA EL CURIOSO LECTOR

En la villa de Madrid
corte ilustre celebrada
de sirvienta una doncella
diez y nueve años contaba.

Varios mozos de su pueblo
pretendieron a la muchacha
y por la prensa sabemos
que la moza enferma estaba.

Sus señores la querian
era una chica muy guapa
muy cayada y prudente
y sobre todo honrada.

Se despidio de sus amos
y se marchó a la sanga

desde alli a los algares
donde sus padres estaban.

La horrible tuberculosis
la tenia aniquilada
que para ser esqueleto
solo la muerte faltaba.

Su madre como una loca
aquel cadaver besaba
y su padre en un rincón
muerto de pena lloraba.

No parecia estar muerta
cuando estaba amortajada
parecia una imagen
dentro de aquella caja.

Pliego de cordel "La hija del molinero" del siglo XX. Colección de Anselma Fernández de Mera. J. Chocano, *Pliegos de cordel difundidos por La Mancha.1900-1950*, p. 164.

19
PANORAMA ACTUAL

Cuando comencé a investigar sobre los molinos harineros de río, allá por 2011, conocí a Antonio Angulo, santero en el santuario de la Virgen de la Encarnación (Carrión de Calatrava), a unos metros de las históricas ruinas de Calatrava la Vieja. Antonio me presentó a su padre, Sebastián Angulo Torres, ya que este había compuesto unos versos en los que recordaba al río Guadiana y sus elementos. Conversé con Sebastián, que tenía una gran sabiduría popular, e incluso concertamos una futura entrevista. No pudo realizarse porque falleció unos meses después. Entresacamos algunas de ellas –en métrica romanceada– que hablan de los molinos y hasta dan nombre a las piedras moleras:

Molino de Malvecinos
nunca te podré olvidar
que tenías cuatro piedras
trabajando sin parar.

La primera la Rumbona
porque hacía mucho ruido
que marchaba el «dinamo»
y daba luz al molino.

La segunda era la Alta,
y así lo pude decir,
que cada fanega de trigo
maquilaba un celemín.

La tercera es la Gordilla,
especial en su trabajo,
porque a la vez que molía
hacía funcionar el ciazo[1].

La cuarta es la Batanera[2]
con silencio al arrancar,
porque lleva la limpia,
y la piedra de afilar.

Molino de Concepción,
y Vicente el Mayoral
Pilatos «el Guarrerillo»
y Genaro el auxiliar.

También había una muda
llamada «la de los perros»
y su marido Matilde,
de mote «cantinero».

¡Acércate al molino!
A ver si tienen harina,
aunque sea de panizo,
para hacernos la comida.

Adiós, molino harinero
y puente de Malvecinos
que pasé mi juventud
entre familia y amigos.

Por debajo del molino
un baño muy limpio había.
Se bañaba mucha gente
y lavaban las «serillas».
(...)
Se levanta el pescador
Coge la cesta
y el cebo.
A ver qué tal se le da la pesca.
El molino está moliendo.
(...)

En el siglo XX, con el auge de las comunicaciones dominadas por los medios de masas, la transmisión oral comenzó a decaer. De la época que nos ha tocado vivir a los actuales miembros de la explosión demográfica de los años 60, tenemos un tema de autor[3] que incluso llegó a presentarse en el afamado Festival de Benidorm: *Los molinos de la Mancha*, interpretado por el grupo pop Los Gritos, liderados por Manolo Galván[4]. En su letra se percibe el abandono del campo y la emigración del mundo rural a las ciudades y las zonas industriales.

LOS MOLINOS DE LA MANCHA

Los molinos de la Mancha
¡qué llenos de Luna están!

Disco sencillo de Los Gatos, producido en 1968.

Pues no hay voces en el campo
ni brazos para sembrar.
Gigantes de abiertas alas
con penas de soledad
lloran lágrimas de olvido
con llantos de sequedad.

Sufren heridas de viento
se olvidaron de cantar
cruces de silencio inmenso
que ven a un pueblo marchar.

Los molinos de la Mancha
¡qué llenos de luna están!
pues no hay hoces en el campo
ni brazos para sembrar

Pero un día los trigales
con más fuerza brotarán
y las flores que se esperan
los campos recubrirán

Las aspas de los molinos
comenzarán a girar,

ruletas de buena suerte,
ruedas de trabajo y pan.

Y habrá hoces en el campo
y brazos para sembrar.
Los molinos de la Mancha
¡llenos de sol estarán!

Llegados al siglo XXI, con la desaparición de la actividad molinera, parecía que ya no íbamos a tener nuevas producciones discográficas relativas a la vida en el molino. Una vez que los grupos folk más representativos (Jarcha, Nuevo Mester de Juglaría) u otros como Clavileño o los malagueños de Nuestra Tierra[5] habían rescatado, en las décadas 70 y 80 del siglo XX los temas citados, pensábamos que ya solo asistiríamos a versiones de los mismos. Nada más lejos, cuando, en pleno siglo XXI, comienzan a registrarse grabaciones de temas «molineros».

Al comenzar la nueva centuria, Corquiéu, un grupo asturiano de música folk surgido en 1997 en Ribadesella, compone textos en bable, ideando el tema «La molinera»[6] e incluyéndolo en su disco La barquera, editado por L'Aguañaz en 2001. Reproducimos su letra a continuación:

Cuanta maxa lleves dientro
pa facer farina d'augua
viendo dar vueltes les mueles
pasa adulces la ivernada.

Naguo por ser la farina
que selemente calistra
los poros de la camisa
qu'endolca la to natura d'augua.

Si supieras que te quiero
amurniarías la mirada
siguiré siendo furtiva
sabiamente amatagada.

Entre fatos prexuicios
que la sociedá mos instaura
siguiré siendo furtiva
sabiamente amatagada.

Naguando por un futuru
enllenu d'esperanza
suañando colos placeres
de los qu'agora toi privada.

Si albidrara que me quieres
morrería esgayolada
nun habría home en tierra
que conociera dicha más alta.

Solamente camentalo
camuda'l xeitu la mío cara
apigazar na to vera
esconsonar na to cama.

Si supieras molinera
cuanto te quiero mío alma
apigazar na to vera
esconsonar na to cama.

Quien fuera l'agua que mueve
el molín de la to casa
pa ser parte la to vida
y dexar de vivir arrequexada.

Por una sociedá inxusta
que castiga a la llesbiana
que toes llevamos dientro
soterrándola pa que nun salga.

Si supieras molinera
cuanto te quiero mío alma
apigazar na to vera
esconsonar na to cama.(bis)

En 2003 la Federación Castellano-Manchega de Asociaciones de Folklore editó el segundo volumen de tres discos compactos, titulado *Un camino, un horizonte*, producido por A. Records, de Alcázar de San Juan. En dicho volumen, el grupo Despertar el Ayer, del vinícola pueblo de Villanueva de Alcardete, interpreta la «Jota de la molinera». La presidenta de la Asociación, Piedad Sanz, nos aseguró que esta jota se cantaba en el pueblo:

«Había un grupo de gente muy mayor que organizaban sus fiestecillas con instrumentos caseros, bandurria, laudes, guitarras e incluso un violín y nos la transmitió Isabel León "La Cantinera"».

En la página web[7] de la asociación manifiestan:

«A lo largo de nuestro río Gigüela existían numerosos molinos que aprovechaban su agua como energía para moler el trigo y el cereal abundante en aquella época. Esta jota muestra el oficio de la molinera y sus picardías con el mozo que la cortejaba».

Marisi Navas (natural de Villanueva de Alcardete) compuso unos versos en 2005, que se cantan antes de la jota; la entonación musical es la de una «labradora», que es como los alcardeteños llaman a las «gañanadas» o cantos de labor entonados «a capella».

Agua que mueve
aquel molino
me trae tu amor
al corazón mío.

Sueño con esos ojos
que entre los juncos miran
y el molinero canta
mientras camina.

Va buscando a su amada
junto a la orilla
y la encuentra entre el agua
y está dormida.

JOTA DE LA MOLINERA

¡Ay, ay, ay, ay, ay!
Que la maquinilla
ya no muele.

¡Ay, ay, ay, ay ay!
Que le falta cibera
y no tiene.

¡Ay, lala, lala, lailala!
El agua va por el río
y yo voy por la ribera.
El agua va por moler
y yo por la molinera.
Y yo por la molinera,
el agua va por el río.

¡Ole, ole con ole!
Mi madre no quiere

que vaya al molino.
¡Ole, ole con ole!
Porque el molinero
se mete conmigo.

¡Ay, lala, lala, lailala!
Me quisiste, me olvidaste.
Me volvistes a querer.
Zapatos que yo desecho
no me los vuelvo a poner.
No me los vuelvo a poner.
Me quisiste, me olvidaste.

¡Ay, ay, ay, ay, ay!
Mi madre no quiere
que al molino vaya
¡Ay, ay, ay, ay, ay!
Porque el molinero
me rompe las sayas.

¡Ay, lala, lala, lailala!
Más guapa la encontrarás
y que tenga más dinero,
pero más gracia que yo
ni aquí ni en el mundo entero.
Ni aquí ni en el mundo entero
más guapa la encontrarás.

¡Ole, ole con ole!
Mi morena dos ojitos tiene.
¡Ole, ole con ole!
Que me mira y loquito me vuelve.

¡Ay, lala, lala, lailala!
Arbolito te secaste
teniendo el agua en el pie,
en el tronco la firmeza
y en la ramita el querer.
Y en la ramita el querer,
arbolito te secaste.

¡Ay, ay, ay, ay, ay!
Que la maquinilla
ya no muele

¡Ay, ay, ay, ay, ay!
Que le falta cibera
y no tiene.

¡Y ailala, lala, lailala!
Con esta ya digo: ¡Adiós!
Que ya me voy pa mi tierra,
pero no te quedes triste
que mi corazón se queda.
Que mi corazón se queda,
con esta ya digo: ¡Adiós!

En 1992 habían llegado al mercado sonoro grabaciones de grupos folk tan internacionales como La Musgaña. En su CD titulado *El diablo Cojuelo*, editado por Sonifolk, S.A., incluyeron el tema «La molinera», recogido a Serafín Guillermo, en Aliste (Zamora). También los chicos de La Musgaña, en su disco *Idas y venidas*, publicado el 15 de mayo de 2009, grabaron «Molinera maragata», de la que afirmaron:

> «Composición basada en una molinera (muñeira) que se toca originariamente con el pito maragato (flauta de tres agujeros) en la provincia de León. Nos motivó especialmente la escala poco habitual que se puede escuchar en la molinera original, muy sugerente...» http://jarramplas.blogspot.com/2009/05/la-musgana-idas-y-venidas.html

En pleno siglo XXI contamos con arreglos como «La molinera y el corregidor» de Los Hermanos Cubero, en su CD *Cordaineros de la Alcarria*, en 2010, o «La molinera» del grupo gallego Luar Na Lubre, en 2015, en su álbum *Extra Mundi*[78].

En 2012, el profesor de gallego Paco Rivas[9] nos regala esta nana que evoca el origen de la muñeira:

Traca traca traca traco
Traca traca traca traco
Que así naceu a muiñeira
Unha noite non sei cando
A moa e un gran de avea
Déronse un bico nos labios
Que non se diga meniña
Que o muiño non fai milagros
Danos o pan cada día
E ata meniños galanos[10].

En 2016 los toledanos de Vigüela[11] grabaron un CD con texto bilingüe en el que incluían unidas las tonadas «La molinera ya no se casa» y «Que vengo del molino». Lo interpretan con un pandero de piel de cabra con so-najas, un pandero de piel de cordero añino, una pandereta, almireces, botella de anís y una sartén percutida con una cuchara metálica.

Con harina en el sombrero
un molinero fue a misa
con harina en el sombrero
y hasta los santos se alegran
de ver a aquel molinero.

La molinera ya no se casa
porque ya sabe lo que la pasa.
Su padre ríe, su madre llora,
su hermano dice: «Siga la boda».

No es por falta de alimento,
la molinera está mala
no por falta de alimento,
que en la cabecera tiene
una ristra de pimientos.

La molinera ya no se casa...
La molinera no va, no va
y el molinero la va a pegar.

¡Ay, molinera! ¡Ay, molinera!
¿Cómo has pasado la Nochebuena?
La Nochebuena ya la he pasado
y el molinero no se ha casado.

Su padre ríe, su madre llora
su hermano dice: «Siga la boda».
¡Qué polvo la carretera!
¡Qué polvo tiene el camino!
¡Qué polvo la carretera!
¡Qué polvo tiene el molino!
¡Qué polvo la molinera!

Que vengo del molino,
que vengo de moler,
que vengo de la plaza
de echar un café.

Vengo de la Vera, Vera
vengo de la Vera el Caño.
La que no se case hoy
ya no se casa este año.

Que vengo del molino...
No quiero novia en posada
ni viña en Camino Real,
que para coger el fruto
es menester madrugar.

Ella me miraba,
yo la remiraba.
Dije para mí:
«Queda con Dios,
resalada».

Quisiera ser clavo de oro
donde cuelgas el candil,
para verte desnudar
y a la mañana vestir.

Ella me miraba
yo la remiraba.
En la mano llevaba
una jarra
para regar los claveles
que tienes a la ventana.

Ella me miraba
ella me miró
y en la mano llevaba
una flor.

Aunque me voy no me ausento,
aunque me voy no me voy,
aunque me voy no me ausento,
aunque me voy de palabra
no me voy de pensamiento.

Que vengo del molino...

En septiembre de 2021, Miguel Ángel Montesinos Sánchez[12] «El Pan-torrillas» presentó *Las coplas del molino* en un disco EP (Extended Play), donde aparecen cinco textos en un envase de cartón:

«en recuerdo de las antiguas cajas de fruta y el hilo palomar usado para atar los sacos de harina que provenían de la industria molinera».

Con el número 4 del EP, El Pantorrillas incluye unas seguidillas, con letra de origen popular, tituladas «Las ganancias vienen de arriba». En ella vuelve a tratarse el comentado tema del enriquecimiento de los molineros con la maquila.

> *La molinera gasta*
> *buenos collares,*
> *de la harina que roba*
> *de los costales.*
> *¡Ay lerele! Y no sabías*
> *las ganancias, morena,*
> *vienen de arriba.*
>
> *La molinera gasta*
> *buenos zapatos,*
> *y el pobre molinero*
> *anda descalzo.*
> *¡Ay lerele! Y no sabías*
> *las ganancias, morena*
> *vienen de arriba*
>
> *Lleva la molinera*
> *en el «roete»,*
> *una cinta encarnada*
> *que compromete.*

En cuanto a la producción bibliográfica, aún sigue publicándose la investigación de romances en esta centuria. El vitoriano, residente en León, David Álvarez Cárcamo, tras un excepcional trabajo de campo en la provincia leonesa, en 2019 nos ilustra con versiones de las dos piezas maestras que hemos expuesto al principio de esta comunicación: «El corregidor y la molinera» y «La molinera y el cura» o «La canción del entremés». La primera fue recogida en la localidad de Fasgar (Ayuntamiento de Murias de Paredes, León), en 2010. De Villaverde la Chiquita (Ayuntamiento de Valdepolo, León) procede la primera versión del «El entremés», grabada en 2017, y de Casares de Arbas (Ayuntamiento de Villamanín, León) la segunda, entre los años 2011 y 2012. Esta versión fue publicada en *La tradición oral leonesa, vol. 1: Casares de Arbas*. Hay que subrayar que el libro de Álvarez Cárcamo contiene un disco compacto con las grabaciones, lo que facilita la conservación de las melodías tal como las transmitieron los informantes.

Por su parte, como ya hemos comentado, Antonio Vallejo Cisneros, en su libro *De apodos y música*, publicado en 2020, incluye «El maquilandero», en el anexo número 27.

Aparte de lo pernicioso que conllevan las nuevas tecnologías, en cuanto al corte de la transmisión oral de nuestros ancestros, hemos de reconocer lo positiva que resulta la posibilidad de albergar escritos, grabaciones –tanto en audio como en vídeo– en Internet. Numerosas páginas web, con calidad desigual, describen y recogen tradiciones que pueden ser consultadas desde cualquier lugar del mundo. Como ejemplo, podemos ver y escuchar vídeos como los del dúo compuesto por Xosé Liz (bouzuki) y Paula Gómez (violín y voz), interpretando «La molinera»[13] del *Cancionero* de Agapito Marazuela o «Los molinos azules»[14].

Como colofón, añadiremos que, en tiempos de pandemia, pudimos participar en la celebración de una Jornada de Música Tradicional, organizada por ACEM y Tajamar[15], dedicada a los «Ecos del paisaje sonoro en torno a los molinos». La Jornada tuvo lugar el 20 de febrero de 2021, mediante el sistema de videoconferencia. Gracias a los avances técnicos de nuestra era, pudieron reunirse especialistas del folklore molinar, desde distintos puntos de España y mostrar su arte y sus conocimientos a todo el que se conectó al sistema. El evento contó con las participaciones del etnógrafo Fernando Gomarín y del profesor Héctor Luis Suárez; también intervino Fernando Ortiz, folklorista y miembro fundador de Nuevo Mester de Juglaría, entonando piezas que este gran grupo ha difundido por toda España. Otros intervinientes fueron Miguel Cadavieco, Xose Ambás, Xavier Cabezón, Emilio del Carmelo Tomás Loba y el que escribe estas líneas. Finalmente, el grupo de Coros y Danzas «Mazantini» de Ciudad Real interpretó «El entremés» utilizando unos originales instrumentos idiófonos denominados matracas, carrascas[16] o sonajas.

Este siglo XXI también podemos disfrutar en las redes sociales de versiones de cánticos tradicionales como «A la luz del cigarro»[17], canción popular leonesa[18], con adaptación musical de Mikel Ferreras e interpretada al violoncello por Estíbaliz Ponce. Fue el grupo Barrio Húmedo, en 1974, el que había popularizado esta canción de sencillez melódica y ritmo de vals[19].

A LA LUZ DEL CIGARRO

A la luz del cigarro
voy al molino.
Si el cigarro se apaga,
morena,
me caigo al río.

A la Virgen del Carmen
tres cosas pido:
la salud y el dinero,
morena,
y un buen marido

Que no fume tabaco
ni beba vino,

que no duerma con otra,
morena,
solo conmigo.

Y la Virgen del Carmen
lo ha concedido:
fumador y borracho,
morena,
empedernido.

A la luz del cigarro
te vi la cara.
Yo no he visto una rosa,
morena,
tan colorada.

A la orilla del río
tengo mis bienes:
una gata y un gato,
morena,
con cascabeles.

A robar corazones
voy al molino,
porque la molinera,
morena,
me robó el mío.

También podemos disfrutar en este siglo con la simpar Vanesa Muela[20] tocando una «Copla de la molinera»[21], recogida en Olombrada (Segovia), por Luis Ramos, compuesta en seguidillas e interpretada «a la panadera»:

¡Qué panadera
linda y chiquita!
¡Qué panadera,
panaderita!
¡Qué panadera
tan rebonita!

Déjate dar un beso,
marinerita,
en esa cruz de plata
que es tan bonita.

Dale a la piedra
con aire que muela.

En esa cruz de plata
no besa nadie,
que la harina que tengo
la lleva el aire.

Dale a la piedra
con aire que muela.

Lleva la molinera
ricos anillos
y el molinero anda
sin calzoncillos.

Dale a la piedra
con aire que muela.

Cuando la molinera
menea el culo,
el molinero acude
con el tarugo.

Dale a la piedra
con aire que muela.

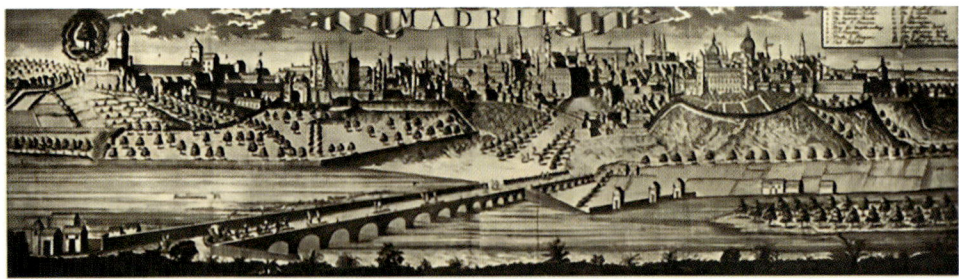

Madrid en el siglo XVI. Grabado en el que aparecen tres posibles aceñas, similares a las de Olivares (Zamora) junto al puente de Segovia. Publicación del Círculo de Bellas Artes: *Homenaje a las artes gráficas conmemorativo de la inauguración de la nueva casa social*, en 1927. https://files.core.ac.uk/pdf/1153/71523891.pdf_

BIBLIOGRAFÍA Y FUENTES

1. BIBLIOGRAFÍA

ACEDO SÁNCHEZ, J.: *Sancristobalón descubierto en la iglesia de San Andrés Apóstol en Moral de Calatrava*. https://www.esquinademauricio.es/wp-content/uploads/2019/04/San-Cristobalon.pdf

AGUIRRE SORONDO, A.: «La molinería en la literatura y las tradiciones orales», en *KOBIE (Serie Antología Cultural)*, núm. IV, Bilbao, Bizkaiko Foru Aldundia-Diputación Foral de Bizkaia, 1989-1990, p. 5.

ALARCÓN, P. A. de: *El sombrero de tres picos*, 17ª edición, Madrid, Est. Tipográfico Sucesores de Rivadeneyra, Impresores de la Real Casa, Paseo de San Vicente, núm. 20, 1911, pp.19-20.

ÁLVAREZ CÁRCAMO, D.: *La tradición oral leonesa*, León, Cátedra de Estudios Leoneses y Universidad de León, 2019, pp. 291 y 298-300.

AMADES, J.: «Etnología musical», en *Revista de Dialectología y Tradiciones Populares*, núm. XX, c1º y 2º, 1964, pp. 133 y 163.

ANDRÉS OLIVEIRA, J. *et alii*: *Estudio de la Magna antología del folklore musical de España de Manuel García Matos*, beca de investigación en folklore convocada por CIOFF-España y el INAEM, 2005.

ANGLÉS, H.: *Vida cristiana, 8*, Barcelona, 1920, pp. 262-263.

ARMISTEAD, S. G. y J. H. SILVERMAN: «El corregidor y la molinera and its German ancestor: Schumacher und Edelmann». en *Jahrbuch Für Volksliedforschung*, núm. 17, 1972, pp. 49-69.

BARBIERI, F. A.: *Cancionero musical de los siglos XV y XVI*, Madrid, Real Academia de Bellas Artes de San Fernando, Tipografía de los Huérfanos, 1890.

CABALLERO, F.: *Vulgaridad y Nobleza. Cuadros de costumbres populares*, tomo I, Madrid, Est. Tip, de Muñoz y Reig, calle Cuesta de Ramón, 3, 1875. Publicación: Universidad de Alicante, Biblioteca Virtual Miguel de Cervantes, 2017.

CABRERA GÓMEZ, I. *et alii*: *Agudo, una villa de la Encomienda Mayor de Calatrava*, Ciudad Real, Diputación Provincial, 1998, pp. 144-145.

CANTERO MUÑOZ, R.: *La seguidilla manchega. Origen y evolución*, beca de Investigación «Maestro Echevarría Bravo», Tomelloso, Federación Castellano-Manchega de Asociaciones de Folklore, 2002.

—: *Colección de seguidillas*, Ciudad Real, Cueva de Montesinos, 2007.

CARO BAROJA, J.: «Disertación sobre los molinos de viento», en *Revista de Dialectología y Tradiciones Populares*, enero 1; 8, 2; *ProQuest, ,* p. 212.

—: *El Carnaval (Análisis histórico-cultural)*, Madrid, Taurus, 1965, ed. 1984, p. 75.

CASTILLO, H.: «En la ruta de Don Quijote», en *Revista de la Universidad*, núm. 15, Universidad Nacional de la Plata, República Argentina, 1961, p. 195.

CERRILLO TORREMOCHA, P. C.: *Adivinanzas populares españolas: estudio y antología*, Cuenca, Ediciones de la Universidad de Castilla-La Mancha, 2000.

CHOCANO MORENO, J.: «Pliegos de cordel difundidos por La Mancha,1900-1950», en *Cuadernos Castellano-Manchegos de Etnografía*, núm. 4, Tomelloso, Federación Castellano-Manchega de Asociaciones de Folklore, 2011.

—: «El folklore de los molinos», en *Actas del XII Congreso Internacional de Molinología*, Alcalá de Henares, Fundación General de la Universidad de Alcalá, 2022.

CORREAS, G.: *Arte de la lengua española castellana*, Biblioteca Digital Hispánica.

—: *Vocabulario de refranes y frases proverbiales y otras fórmulas comunes de la lengua castellana en que van todos los impresos antes y otra gran copia que juntó el maestro Gonzalo Correas...van añedidas las declaraciones y aplicación adonde pareció ser necesaria. Al cabo se ponen las frases más llenas y copiosas*, 1627, Madrid, Biblioteca virtual Miguel de Cervantes, edición de 1924.

DÍAZ VIANA, L., L. MEGINO, C. RODRIGUEZ y E del VADO: «Recopilación romancística en la provincia de Soria», en *Revista de Folklore*, úm. 20, 1982, pp. 45-49.

DÍEZ BARRIO, G.: «El molino y el molinero en el refranero», en *Revista de Folklore*, núm. 101, 1989, pp. 178-180.

DURÁN, A.: *Romancero general o Colección de romances castellanos anteriores al siglo XVIII, recogidos, ordenados, clasificados y anotados*, tomo segundo, *Biblioteca de Autores Españoles desde la formación del lenguaje hasta nuestros días*, Madrid, Imprenta de la Publicidad, 1851.

ECHEVARRÍA BRAVO, P.: *Cancionero musical manchego*, Ciudad Real, CSIC, Diputación Provincial, 1ª ed.: 1951, 2ª ed.: 1984, p. 237.

ESPINOSA, A. M.: «Algunas adivinanzas españolas», en *Revista de Dialectología y Tradiciones Populares*, núm. VIII, 1952, pp. 31-55.

FONTEBOA, A.: *Literatura de tradición oral en El Bierzo*, León: Diputación Provincial, 1992, p. 54.

FUENTE CAMINALS, J. de la: «Cantares de Renera (Guadalajara)», en *Revista de Dialectología y Tradiciones Populares*, núm. XXVI, Archivo, tomo XXVI, cuadernos 1º y 2º, 1970, pp. 151-190.

GARCÍA CUADRADO, M. D.: «San Cristóbal: significado iconológico e iconográfico», en *Antigüedad y cristianismo: Monografías históricas sobre la Antigüedad tardía*, núm. 17, Murcia, 2000, pp. 343-366.

GONZÁLEZ GARRIDO, Mª del C.: «Oficios tradicionales», en *Cuadernos de Historia Local*, vol. II, Universidad Popular. Área de Cultura, Ayuntamiento de Miguelturra, 2001.

HERNÁNDEZ, M,: «Ritmos de danza y oralidad en Ramón María del Valle-Inclán», en *Culturas Populares*, Revista Electrónica, núm. 6, 2008. http://www.culturaspopulares.org/textos6/articulos/hernandez.htm

HERNANDO GARRIDO, J. L.: «Agua pasada que mueve molino...: notas sobre iconografía y cultura tradicional», *Stvdia Zamorensia*, vol. XI, 2012.

IGLESIAS, A. L.: «Notas a un cancionero poco conocido del Museo Lázaro Galdiano. Van añadidas en este articulo algunas precisiones sobre «Henares de agua clara enriquecido», soneto en memoria de Cipriano de la Huerga», en *Humanismo y Cister: Actas de I Congreso Nacional sobre Humanistas Españoles/* F. J. de PASCUAL *et alii* (coords.), Universidad de Salamanca, 1996, pp. 249-263.

JIMÉNEZ RODRÍGUEZ, I.: «Los molinos de viento en los refranes, dichos y canciones», en *Actas del V Congreso Internacional de Molinología*, Alcázar de San Juan, Junta de Comunidades de Castilla-La Mancha, 2009, pp. 329-342.

JUAN DEL ÁGUILA, J. de: *Las canciones del pueblo español*, 20ª edición, Madrid, Unión Musical Española, 1977.

LARREA PALACÍN, A. de: *Cancionero judío del norte de Marruecos. I. Romances de Tetuán*, Madrid, Instituto de Estudios Africanos-CSIC, 1952.

LAVAUD-FAGE, E.: «Un motivo folclórico en la narrativa de Valle-Inclán: el molino», en J. M. GARCÍA DE LA TORRE (ed.): «Valle-Inclán (1866-1936). Creación y lenguaje», en *Diálogos hispánicos de Ámsterdam*, núm. 7, Ámsterdam, Rodopi, 1988, pp. 39-48.

LEAL BOVEDA, J. M.: «Los molinos y el ciclo del pan en la obra de Valle-Inclán», en *Revista de Folklore*, núm. 2014, 2014.

LLOMPART I MORAGUES, G.: «San Cristóbal como abogado popular de la peregrinación medieval. Acotaciones a la talla gótica del Museo Marés de Barcelona, número 219», en *Revista de Dialectología y Tradiciones Populares*, núm. XXI, 1965, pp. 293-313.

—: «El molinet. Aspectos religiosos de un popular romance mallorquín», en *Revista de Dialectología y Tradiciones Populares*, núm. XXV, c3º y 4º, 1969, pp. 251-272.

LORENZO VÉLEZ, A.: «El enigma del molinero. Reflexiones sobre los cuentos de adivinanza», en *Revista de Folklore*, núm, 137, 1992.

MACHADO Y ÁLVAREZ, A.: *Biblioteca de las tradiciones populares españolas*, Sevilla, Alejandro Guichot y Cía., editores, Calle de Teodosio, 63, 1884.

MANZARBEITIA, S.: «San Cristóbal», en *Revista Digital de Iconografía Medieval*, vol. 1, núm. 1, 2009.

MERSHMAN, F.: «St. Christopher», en *The Catholic Encyclopedia*, vol. 3, New York, Robert Appleton Company, 1908.

MARAZUELA ALBORNOS, A.: *Cancionero segoviano*, Segovia, Jefatura Provincial del Movimiento, 1964.

—: *Cancionero de Castilla*, Madrid, Delegación de Cultura de la Diputación de Madrid, 1981.

MENDOZA DÍAZ-MAROTO, F.: «Introducción al romancero oral en la provincia de Albacete», en *Ensayos Históricos y Científicos*, serie I, núm. 44, Albacete, Instituto de Estudios Albacetenses, Diputación Provincial, CSIC, CECEL, 1989.

—: *Panorama de la literatura de cordel española*, Madrid, Ollero y Ramos, 2001.

MILÁ I FONTANALS, M.: *Romancerillo catalán. Canciones tradicionales*, 1853, p. 21.

MUMFORD, L.: *Técnica y civilización*, Madrid, Alianza Universidad, 1987, p. 132.

PEDRELL, F.: *Cancionero musical popular español*, 4 vols., 2ª ed., Barcelona, Casa Editorial de Música Boileau, 1922.

PLIEGO DE ANDRÉS, V.: *Cancionero popular de la Institución Libre de Enseñanza*, Madrid, Fundación Francisco Giner de los Ríos, Institución Libre de Enseñanza, 2012.

PRIETO, G.: *Molinos*, Madrid, Editora Nacional, 1966 1ª ed., 1974 2ª ed.

PUERTA ZARZUELA, L.: *Danzas procesionales de la provincia de Cuenca*, Cuenca, Diputación Provincial, 2022, pp. 40, 42, 108, 116, 335 y 357.

REDONDO, A.: «De molinos, molineros y molineras. Tradiciones folklóricas y literatura en la España del Siglo de Oro», en J. L. ALONSO HERNÁNDEZ (ed.), *Literatura y folklore*, Salamanca, Universidad de Salamanca-Universidad de Groningen, 1989, pp. 99-115 y en *Revista de Folklore*, núm. 102, 1989, pp. 183-191.

RIVAS, F.: *Traca-traco. 24 Cantigas de nanar. Aloumiño e un arrolo*. Edicions do Cumio, 2015.

RIVERO GONZÁLEZ, S.: *Cosas de antaño*, Ciudad Real, Diputación Provincial, 2003.

RODRÍGUEZ, M.: *Cancionero juvenil*, Madrid, 1ª edición del Frente de Juventudes, 1947.

RODRÍGUEZ MARÍN, F.: *Cantos populares españoles recogidos, ordenados e ilustrados por Francisco Rodríguez Marin*, Sevilla, Francisco Álvarez y Cª, 1882-1883.

RUIZ FERNÁNDEZ, María Jesús: *Edición crítica de la obra de Alejandro Casona «La molinera de Arcos», estudio introductorio*, Ayuntamiento de Arcos de la Frontera, 2007.

RUIZ VILLAMOR J. M. y J. M. SÁNCHEZ MIGUEL: *Refranero popular manchego y los refranes del Quijote*, Ciudad Real, Biblioteca de Autores Manchegos, 1998.

SERNA, J. y A. PONS: «Menocchio y yo. Carlo Ginzburg y el problema de la identidad», en *El otro, el mismo. Biografía y autobiografía en Europa (siglos XVII-XX)*, Valencia, Publicacions de la Universitat de València, 2005, p. 73.

SUÁREZ PÉREZ, H. L.: «Aspectos en relación con el mundo de los molinos en materiales etnomusicológicos vinculados a la provincia de León en el Noroeste Ibérico», en *X Congreso Internacional de Molinología*, Segovia, 2016, pp. 239-251.

SUBIRÁ PUIG, J.: *La tonadilla escénica: Morfología literaria. Morfología musical*, Tipografía de Archivos, 1929.

THOMAS, A.: «Die mystische Mühle», *en Die Christliche Kunst,* núm. 31, 1935, p. 139.

TOMÁS LOBA, E. del C.: «Del molino y su mundo en la literatura tradicional-popular», en *Cartaphilus, Revista de Investigación y Crítica Estética*, núm. 14, 2016, pp. 220-237. http://revistas.um.es/cartaphilus

VALLE-INCLÁN, R. M. del: *Jardín novelesco. Historias de santos, de almas en pena, de duendes y de ladrones*, capítulo «Égloga», Barcelona, Casa Editorial Mauco, 1908.

—: *La casa de Aizgorri (Sensación)*, Madrid, revista *Electra*, núm. 3, 1901.

VALLEJO CISNEROS, A.: *Música y tradiciones populares*, Ciudad Real, Biblioteca de Autores Manchegos, 1990, p. 238.

VALLEJO CISNEROS, A. y J. VALLEJO CLIMENT: *Pastores de antaño. Costumbres. Su universo sonoro y musical*, Ciudad Real, Biblioteca de Autores Manchegos, 2020.

VASCO GALLEGO, E.: *Treinta mil cantares populares*, Valdepeñas, Imprenta de Mendoza, 1929-1930, tomo I: pp. 34. 47, 48, 68, 72, 86, 90, 103, 120, 124, 172, 242, 266, 316, 321, 325 y 367; tomo II: pp. 16, 38,70, 129, 148,

WILSON, E. M.: «Algunos aspectos de la historia de la literatura española», en *Entre las jarchas y Cernuda.Constantes y variables de la poesía española*, Barcelona, Ariel, 1977, pp. 15-54.

2. DISCOGRAFÍA

AGAPITO MARAZUELA: «Vengo de moler», versión de Maello (Ávila), en su disco *Folklore castellano (Segovia, Ávila y Valladolid)*. https://www.youtube.com/watch?v=Zu__rvEXDkE

ARCHIVO PIRENAICO DEL PATRIMONIO ORAL: «El molinero»[1] (vals corrido), en *El baile: segundo día d'a fiesta*, guitarra: Antonio Aso Artero (Sabiñánigo, 1927), violín: Mariano Laborda Lardiés (Senegué, 1921), Coda Out, Garrapinillos (Zaragoza), formato: CD, 2008.

CLAVILEÑO: «Molinos»[2] y «La molinera», en la cara B de *Aires de antaño*, Ciudad Real, Diputación Provincial, Sonoland, formato: musicassette, CD y LP de vinilo, 1988.

DESPERTAR EL AYER: «Jota de la molinera», tema 2 del disco 1 en *Un camino, un horizonte*, vol. II, Federación Castellano-Manchega de Asociaciones de Folklore, A. Records, Alcázar de San Juan, formato: CD, 2003.

EL PANTORRILLAS (Miguel Ángel Montesinos Sánchez): *Las coplas del molino*, formato: disco EP (Play) y CD, 2021.

GARCÍA MATOS, M.: «El molino» (La Sabinosa, isla de El Hierro); «Muiñeira» (Lugo), «Muiñeira» (Monterrey), «Alalá» y «De mazar o liño» (La Coruña) en vol. 2 de la *Magna antología del folklore musical de España, interpretada por el pueblo español*, formato: discos de vinilo, Madrid, Hispavox, 1978, pp. 48-49 del folleto.

GRUPO ULTREIA DE SANTIAGO DE COMPOSTELA: «Cantiga de muiño» (popular de Ribeira de San Lorenzo), en *Canciones del campo. Antología de la música popular española*, tema 15, cedido por cortesía de Edición do Cumio de Vigo, formato: CD, 2002.

JARCHA: «La molinera y el corregidor», en *En el nombre de España, Paz,* Novola, formato: LP vinilo, 1977. https://www.youtube.com/watch?v=-yJJL7ywlJ8

—: «La molinera» (popular de Encinasola), en *Lo mejor de Jarcha*, BMG Music Spain, y en cara B de *14 éxitos de Jarcha*, formato: musicassette, 1976. https://www.youtube.com/watch?v=BTOEPHFAM-M

JOAQUÍN DÍAZ: «El cura y la molinera», en *25 cuentos tradicionales*, formato: vinilo, 1979, Movieplay/Serano. Intérpretes: Voz: Joaquín Díaz. Productor: Joaquín Díaz. Técnico de sonido: Audiofilm, 1979.

—: «Molineira» (Suertes[3]), en *Canciones de los Ancares*, Madrid, Tecnosaga, formato: vinilo y CD, 1988.

—: «La molinera y el corregidor», en *Cancionero de romances*, TVE, Warner Music Spain, 2012.

JOAQUÍN DÍAZ y JAVIER COBLE: «Molinera, molinera», en *Cantares populares de Castilla de Narciso Alonso Cortés*, Fundación Joaquín Díaz, Urueña/Madrid, formato: CD, 2005.

LA JAMBRE[4]: «Canción de la molinera» (tradicional), del disco *Saltalindes*, en *10 años de música folk*, Interfolk, edición especial 10º aniversario, formato: CD, 2005.

LA MUSGAÑA: «La molnera», en *El diablo Cojuelo*, reedición, editada por Sonifolk, S.A., formato: CD, 1992.

—: «Molinera maragata», en *Ida y venidas*, edición con la colaboración de. Caja de Burgos, Obra Social, formato: CD, 2009.

LOS GRITOS: *Los molinos de la Mancha*, de J. Solá y R. Simó, formato: disco de vinilo de 7, Discos Belter, 1968.

LOS HERMANOS CUBERO: «La molinera y el corregidor», en *Cordaineros de la Alcarria*, Carajillo Records, Interfolk, formato: CD, 2010.

MAZANTINI (Asociación de Coros y Danzas de Ciudad Real): «Vengo de moler» (villancico popular), en *Dame el aguinaldo*, formato: CD, 1995 y edición especial, 2020.

NUEVO MESTER DE JUGLARÍA: «La molinera» («Vengo de moler»), canción incluida en el disco *Romances y canciones populares*, vol. 2[5]. También se incluyó en la cara B de la musicasette *25 aniversario*, 1973, producida por Polygram Ibérica en Madrid, indicando que era una nueva versión de 1986.

—: «La molinera y el corregidor», en *Romances y canciones populares»*, vol. 3, Phillips, formato: LP vinilo, 1974. https://www.youtube.com/watch?v= 1fSldkFYD-Y&t=118s

PEQUEÑOS CANTORES DE LA JORCAM[6]: «Unha noite no muiño», en el *Cancionero popular de la Institución Libre de Enseñanza*, Madrid, Classic, World Sound, Verso, formato: CD, 2014.

TOMÁS MACHO: «La molinera», de Reinosa (Cantabria), interpretada con rabel, recogida por Pedro Vaquero, en *Cantes del pueblo. Música tradicional española*, Sonifolk, formato: CD, 1999.

VIGÜELA: «La molinera ya no se casa / Que vengo del molino», en *Temperamento. Traditional Music from Spain*, Arc Music productions, Austria, formato: CD, 2016.

3. CONSULTAS EN INTERNET

https://www.esquinademauricio.es/wp-content/uploads/2019/04/San-Cristobalon. pdf_(consultado el 6 de julio de 2020)

http://www.newadvent.org/cathen/03728a.htm_. (consultado el 7 de julio de 2020)

https://m.facebook.com/story.php?story_fbid=2612086505705398&id= 100007122210895?sfnsn=scwspwa&extid=l3l3DadyRpyRPpZZ (consultado el 21 de julio de 2020)

https://bible.knowing-jesus.com/Espa%C3%B1al/words/Molino (consultado el 1 de noviembre de 2021)

https://bible.knowing-jesus.com/Espa%C3%B1al/words/Molino (consultado el 1 de noviembre de 2021)

https://es.wikipedia.org/wiki/El_queso_y_los_gusanos (consultado el 24 de diciembre de 2022)

https://dle.rae.es/tremolina?m=form (consultado el 25 de diciembre de 2022)

https://dbe.rah.es/biografias/12522/antonio-machado-y-alvarez (consultado el 25 de diciembre de 2022)

https://www.significadode.org/gallego/crego.htm (consultado el 25 de diciembre de 2022) https://www.wikiwand.com/gl/Os_cregos_na_cultura_popular_galega (consultado el 25 de diciembre de 2022)

https://www.bibliaenlinea.org/exodo-11 (consultado el 25 de diciembre de 2022)

https://www.bibliavida.com/apocalipsis/18.html (consultado el 25 de diciembre de 2022)

https://www.diccionari.cat/GDLC/forment (consultado el 1 de enero de 2023)

https://www.diccionari.cat/GDLC/tolle-tolle (consultado el 1 de enero de 2023)

https://mdc.csuc.cat/digital/collection/PMautors/id/3637/rec/1/lang/ca (consultado el 1 de enero de 2023)

https://ddd.uab.cat/pub/recmus/02116391n1/02116391n1p195.pdf (consultado el 1 de enero de 2023)

https://ihtc.orex.es/2657.pdf (consultado el 1 de enero de 2023)

https://archive.org/details/romancerillocata00mily (consultado el 1 de enero de 2023)

https://es.wikipedia.org/wiki/Anexo:Trovadores_de_Alemania (consultado el 3 de enero de 2023)

https://www.proquest.com/docview/1301791737/fulltextPDF/E457DB309C 1747FBPQ/9?accountid=14513 (consultado el 5 de enero de 2023)

https://www.cervantesvirtual.com/obra-visor/de-molinos-molineros-y-molineras-tradiciones-folkloricas-y-literatura-en-la-espana-del-siglo-de-oro/html/ (consultado el 14 de enero de 2023)

https://editorialamarante.es/autores/german-diez-barrio (consultado el 14 de enero de 2023)

https://www.cervantesvirtual.com/obra-visor/la-vida-de-lazarillo-de-tormes-y-de-sus-fortunas-y-adversidades—0/html/fedb2f54-82b1-11df-acc7-002185ce6064_ 2.html#I_2_ (consultado el 14 de enero de 2023)

https://es.wikipedia.org/wiki/Fern%C3%A1n_Caballero (consultado el 14 de enero de 2023)

http://www.elespectadorimaginario.com/el-molino-la-cruz/ (consultado el 14 de enero de 2023)

https://www.youtube.com/watch?v=vnVhPXFRCi4 (consultado el 15 de enero de 2023)

https://www.meisterdrucke.es/impresion-art%C3%ADstica/Pieter-Bruegel-the-Elder/2592/Desidia-(Pereza),-1557.html (consultado el 15 de enero de 2023)

https://www.etsy.com/mx/listing/692320861/1800s-edward-armitage-grabado-sanson (consultado el 15 de enero de 2023)

https://musicatradicional.eu/sites/default/files/images/c11rt_1.pdf (consultado el 15 de enero de 2023)

https://es.wikipedia.org/wiki/Gregorio_Prieto (consultado el 17 de enero de 2023)

https://www.academia.edu/74439866/Antti_Aarne_Stith_Thompson_ The_Types_of_the_Folktale_A_Classification_and_Bibliography_1961_ (consultado el 17 de enero de 2023)

https://www.poemas-del-alma.com/la-mujer-manchega.htm (consultado el 17 de enero de 2023)

https://musicatradicional.eu/es/piece/26218 (consultado el 17 de enero de 2023)

https://www.facebook.com/VanesaMuela.Musicatradicional/videos/441450718110474 (consultado el 24 de enero de 2023)

https://es.wikipedia.org/wiki/Renera#Historia (consultado el 27 de enero de 2023)

https://revistanuestrahistoria.files.wordpress.com/2017/12/nh4_2017_a4_ svega2.pdf (consultado el 28 de enero de 2023)

file:///C:/Users/Julio%20Chocano/Documents/AA%20FOLKLORE%20DE% 20LOS%20MOLINOS/El%20corregidor%20y%20la%20molinera/lib%20 LA %20MOLINERA%20DE%20ARCOS%20LIBRO.pdf (consultado el 3 de febrero de 2023)

https://www.jstor.org/stable/847171?read-now=1&seq=15#page_scan _tab_contents (consultado el 3 de febrero de 2023)

https://www.cervantesvirtual.com/obra/cuadros-de-costumbres-0/ (consultado el 3 de febrero de 2023)

https://funjdiaz.net/pliegos-listado.php?id=2895&qry=Mi+mar%C3%ADo (consultado el 5 de febrero de 2023)

https://es.wikipedia.org/wiki/Manuel_Garc%C3%ADa_Matos (consultado el 6 de febrero de 2023)

https://www.biografiasyvidas.com/biografia/g/garcia_matos.htm (consultado el 6 de febrero de 2023)

https://porverita.wordpress.com/muineira-monterroso/ (consultado el 6 de febrero de 2023)

http://bdh.bne.es/bnesearch/CompleteSearch.do?field=todos&text=arte+de+la+ lengua+castellana+espa%C3%B1ola&showYearItems=&exact=on&textH=& advanced=false&completeText=&pageSize=1&pageSizeAbrv=30&pageNum ber=1_(consultado el 12 de febrero de 2023)

https://www.gbv.de/dms/sub-hamburg/779464443.pdf (consultado el 17 de febrero de 2023)

https://www.researchgate.net/profile/Barbara-Duran-2/publication/340581208
_Antoni_Noguera_una_mirada_sobre_el_seu_treball_cent_anys_despres/
links/5e920e7ea6fdcca7890dbc30/Antoni-Noguera-una-mirada-sobre-el-seu-
treball-cent-anys-despres.pdf_ (consultado el 18 de febrero de 2023)

https://bibliotecadigital.jcyl.es/es/consulta/registro.cmd?id=12996_ consultado
el 18 de febrero de 2023

http://jarramplas.blogspot.com/2009/05/la-musgana-idas-y-venidas.html (consultado el 3 de marzo de 2023)

https://www.mapamundimusica.com/viguela/bio/ (consultado el 4 de marzo de 2023)

https://es.scribd.com/doc/106072046/1987-Canciones-de-Los-Ancares# (consultado el 4 de marzo de 2023)

https://despertarelayer.com/repertorio/ (consultado el 4 de marzo de 2023)

https://es.wikipedia.org/wiki/La_Jambre#:~:text=La%20Jambre%20es%20una%
20formaci%C3%B3n,Pepe%20Torres%20y%20David%20Guill%C3%A9n
(consultado el 4 de marzo de 2023)

https://www.discogs.com/es/master/542554-Jarcha-En-El-Nombre-De-
Espa%C3%B1a-Paz (consultado el 4 de marzo de 2023)

https://www.youtube.com/watch?v=BTOEPHFAM-M (consultado el 4 de marzo
de 2023)

http://www.culturaspopulares.org/textos6/articulos/hernandez.htm (consultado
el 4 de marzo de 2023)

https://www.cervantesvirtual.com/obra/vocabulario-de-refranes-y-frases-prover-
biales-y-otras-formulas-comunes-de-la-lengua-castellana—van-anedidas-las-
declaraciones-y-aplicacion-adonde-parecio-ser-necesaria-al-cabo-se-ponen-
las-frases-mas-llenas-y-copiosas/ (consultado el 5 de marzo de 2023)

https://www.ogalego.eu/exercicios_de_lingua/exercicios/pasatempos/cantigas.htm
(consultado el 5 de marzo de 2023)

https://epmencia.blogspot.com/2011/07/san-cristobal-patron-de-los-conductores.
html (consultado el 9 de marzo de 2023)

https://archive.org/details/cantospopulares01margoog/page/66/mode/2up?q=150
(consultado el 15 de marzo de 2023)

https://www.youtube.com/watch?v=pyvw9cADHcc (consultado el 18 de marzo
de 2023)

https://cadenaser.com/emisora/2017/01/16/radio_leon/1484584373_629449.html
(consultado el 19 de marzo de 2023)

https://es.wikipedia.org/wiki/Vanesa_Muela (consultado el 19 de marzo de 2023)

Molinos árabes llamados de la Mina en Alcalá de Guadaira. Litografía ca. 1842 de Genaro Pérez de Villa-Amil. Litógrafo Bichebois. Procede del tomo II de la obra de G. P. de Villa-Amil, *España Artística y Monumental*, 3 tomos, París, 1842-1844. Coloreada a mano. https://www.grabadoslaurenceshand.com/product/cuevas-de-alcala-de-guadaira/

http://www.barriohumedo.net/gest_web/proto_Seccion.pl?rfID=50&arefid=14 (consultado el 19 de marzo de 2023)

https://es.wikipedia.org/wiki/Los_Gritos (consultado el 19 de marzo de 2023)

https://www.grabadoslaurenceshand.com/product/cuevas-de-alcala-de-guadaira/ (consultado el 19 de marzo de 2023)

http://www.zarzuelalasolana.es/acaz.html (consultado el 20 de marzo de 2023)

http://www.madrid.org/bvirtual/BVCM000042.pdf (consultado el 2 de abril de 2023)

https://files.core.ac.uk/pdf/1153/71523891.pdf (consultado el 4 de abril de 2023)

https://es.wikipedia.org/wiki/Tonadilla#cite_ref-4 (consultado el 5 de abril de 2023)

https://dbe.rah.es/biografias/31915/blas-de-laserna-y-nieva (consultado el 5 de abril de 2023)

https://www.facebook.com/watch/?v=375024409524094 (consultado el 18 de octubre de 2024) https://es.wikipedia.org/wiki/Verdelpino_de_Huete (consultado el 18 de octubre de 2024)

https://cuevasdevelasco.blogspot.com/2016/04/de-la-danza-en-la-pesquera-la-danza-de.html (consultado el 18 de octubre de 2024)

https://bdh-rd.bne.es/viewer.vm?id=0000010741&page=1 (consultado el 30 de diciembre de 2024)

https://funjdiaz.net/folklore/pdf/rf2014.pdf (consultado el 30 de diciembre de 2024)

https://www.liederabend.cat/ca/bloc/entrades/634-el-molinero-de-antonio-jose (consultado el 9 de febrero de 2025)

NOTAS

INTRODUCCIÓN

[1] «…lo de arrojar salvado es en Galicia cosa propia del Domingo de Septuagésima… Los mozos llevaban sacos de salvado y aun de harina para echárselo a las mujeres, sobre todo a las mozas. También se utilizaban fuelles para arrojarlo» (Caro Baroja, 1965: 75).

[2] Justo Serna y Anaclet Pons, «Menocchio y yo. Carlo Ginzburg y el problema de la identidad», en *El otro, el mismo. Biografía y autobiografía en Europa (siglos XVII-XX)*, Valencia, Publicacions de la Universitat de València, 2005, p. 73.

CAPÍTULO 1

[1] Comer o hacer algo con aliento y ganas.

[2] La aplicación es que la moza con enamorado, y otro cualquier con propio cuidado, se divierte con él de lo que va a hacer.

[3] Que el que vive de su trabajo no se ponga a perder el día con el ocioso que tiene renta, ni se meta con el poderoso en barajas.

[4] Por usual, como molino.

[5] Había en qué sisar.

[6] Los hombres pueden ser dos, declarados abad y vecino por cura y sacristán.

[7] El sacristán es el barbero; el cura, el vecino; con que, pareciendo cuatro, no son más de dos.

[8] La rueda del molino y la del barbero; que mientras hay salud y se trabaja al oficio, hay provecho.

[9] Dícese de lo fácil y hacedero, con semejanza del molino que bien anda y muele

[10] Dícese de los que tienen buena gana de comer, y de los que están bien dispuestos y ganosos de hacer algo.

[11] Entiende la avenida, porque á ella que es más flaca, mejor la llevará; que si el fuerte perece, mejor perecerá el flaco.

[12] Porque en río caudal suélesele llevar una venida y no en arroyo.

[13] Hacienda de molinos y aceñas, porque en reparos de avenidas se gasta mucho

[14] Cuando muchos tratan en una parte.

[15] Es tierra cerca de Salamanca, y se puede trasladar a lugares de su consonante.

[16] Los molinos de viento no son tan trabajosos y de costa como los de agua.

[17] Es la muela de amolar, y aplícase a las cosas comunes de que todos se aprovechan y nadie cuida de ellas.

[18] Porque cuando llueve abarata el pan, y es provechoso al pobre.

[19] Guay. 1. Del gót. *wái*, y este voz onomat., imit. del lamento; *cf*. ár. hisp. *wáy*. 1. interj. desus. poét. ay. tener alguien muchos guayes. 1. loc. verb. desus. Padecer grandes achaques o muchos contratiempos de la fortuna. (*DRAE*).

[20] Da a entender que por otra vía van encaminadas las cosas, o deben ir, no como el otro piensa.

[21] Entiéndese la rueda de la carreta, que desea seco el camino, y en bajíos y tierras húmedas se entenderá la rueda del molino, que quiere agua para andar, y no la vega.

[22] Dicen esto las gentes escarmentadas de lo que mal les sucedió; semejanza de un perro que fué a lamer al molino y le apalearon.

[23] Es la de fortuna o del molino. Dice que envidia que los otros ganen y medren.

[24] Por la casa, si no está bañada en agua para barrerse.

[25] A los que tienen voz grande y gran torrente.

[26] Lanterna es una manera de rueda de madera que anda encima de la muela de los molinos de viento y la hace andar. Peñazo llaman unos dientes recios de una rueda que dan en la linterna, y la mueven como las ruedas de una aceña, y conviene sean de madera fuerte, como es el acebuche, que es olivo silvestre.

[27] Comiendo con gana.

[28] Maravillóse un vizcaíno de ver andar una rueda de molino, y llególa a besar por santa cosa, y llevóle los hocicos, y entonces añadió lo postrero.

[29] Es la que se pone a los costales para ir al molino, do se truecan o pierden, y tiene otras aplicaciones.

[30] Con el poderoso.

[31] Abeja se puede tomar por saber y bien hablar; lo demás por riqueza.

[32] Pie de altar 1. m. Emolumentos que se dan a los curas y otros ministros eclesiásticos por las funciones que ejercían, además de la congrua o renta que tienen por sus prebendas o beneficios (*DRAE*).

[33] Porque se cuela la harina entre los hilos; de cuero es mejor el saco.

[34] Del que sabe negociar su provecho.

[35] Por tener gana de comer.

[36] Encaminar las cosas á su provecho.

[37] Cuando con buena gana y hambre llega la ocasión de comer, y trasládase á otras cosas que se hacen de gana.

[38] Cf. Gonzalo Correas, *Vocabulario de refranes y frases proverbiales,* ed. Louis Combet, Bordeaux, Institut d'Etudes Ibériques et Ibero-Américaines, 1967), p. 233a (cita de Augustin Redondo).

[39] Correas lo comenta de la manera siguiente: «kon esta chanzoneta makilan tres veces los molineros; a lo menos a entender ke algunos son largos en makilar, i más fuera si no tuviera peso» (cita de Augustin Redondo).

[40] Gonzalo Correas: «*Vocabulario de refranes...*», p. 300a. (Cita de Augustin Redondo).

[41] *Ibíd.*, p. 656b. Cf. también: «Molinero y sangrador algo parecidos son: éste sangra a los mortales, y aquél sangra los costales» (L. Martínez Kleiser, *Refranero general,* núm. 42.074) (cita de Augustin Redondo núm. 13).

[42] Jesús María Ruiz Villamor y Juan Manuel Sánchez Miguel, profesores de Lengua y Literatura en Ciudad Real.

[43] Tremolina. 1. f. Movimiento ruidoso del aire. 2. f. coloq. Bulla, confusión de voces y personas que gritan y enredan, o riñen (*DRAE*).

[44] Recogido por Gonzalo Correas, como hemos visto antes.

[45] Antonio Machado y Álvarez «Demófilo». (Santiago de Compostela, 1846-Sevilla, 1893). Folclorista y literato. Su padre, Antonio Machado Núñez, fue miembro de la Sociedad Antropológica Sevillana; su madre, Cipriana Álvarez Durán, era sobrina del insigne folclorista Agustín Durán, autor del *Romancero general*. El matrimonio tuvo cinco hijos, entre ellos los conocidos poetas Manuel y Antonio Machado. https://dbe.rah.es/biografias/12522/antonio-machado-y-alvarez

[46] A. Machado y Álvarez, *Biblioteca de las tradiciones populares españolas.Tomo IV. Folk-lore gallego, Miscelánea, por Emilia Pardo Bazán y varios escritores de Galicia, Copras, Coruña y sus cercanías*, 1884, p.130.

[47] *Os Estraloxos, Cantigas e refráns da Ribeira Sacra, Pantón (Lugo)*, Concello de Pantón, 1999, p. 232. por M. Hernández, «Ritmos de danza y oralidad en Ramón María del Valle-Inclán», en *Culturas Populares,* Electrónica, núm. 6 (enero-junio 2008), nota al final núm. 27. http://www.culturaspopulares. org/textos6/articulos/hernandez.htm

[48] Augustin Redondo, nacido en 1934, es profesor emérito de la Universidad Sorbonne-Nouvelle de París, especialista en la España del Siglo de Oro y, en particular, en *El Quijote.* Fundó y dirigió, durante veinte años, el Centro de Investigación sobre España de los siglos XVI y XVII (CRES).

[49] Cf. Luis Martínez Kleiser, *Refranero general ideológico español*, Madrid, Real Academia Española, 1953, núm. 31.536.

[50] *Ibíd.*, núm. 14.336.

[51] *Ibíd.*, núm. 41.040. Este refrán ya lo había registrado Hernán Núñez. Notemos de paso que, para burlarse de la mesonera Sancha la Gorda (la cual se llamaba Sancha Gómez), el autor de *La pícara Justina* (1ª ed., 1665) hace derivar el apellido Gómez de «los goznes de un arquetón de un molino» (utilizamos la edición de Antonio Rey Hazas, 2 tomos, Madrid, Nacional, 1977; cf. II, p. 556 (cita de Augustin Redondo). También fue recogido por Gonzalo Correas.

[52] *Ibíd.*, p. 351b (cita de Augustin Redondo).

[53] L. Martínez Kleiser, *op. cit.*, núm. 42.071(cita de Augustin Redondo).

[54] Estos versos fueron utilizados por Tirso de Molina en su «Al molino del amor» y ya habían sido recogidos por Gonzalo Correas en su *Vocabulario de refranes* (1627).

[55] Díez también añade el antiguo refrán recogido por Gonzalo Correas y citado por Redondo.

[56] Coincidente con el citado por Hernando.

CAPÍTULO 2

[1] A. Machado, *op. cit.*, p. 68.

CAPÍTULO 3

[1] Referencia a Sansón, traicionado por Dalila que reveló el origen de su fuerza en sus cabellos.

[2] J. M. Leal Boveda, «Los molinos y el ciclo del pan en la obra de Valle-Inclán», en *Revista de Folklore*, núm. 2014, nota 150, 2014.

[3] Premio del certamen convocado por el Instituto de Estudios Giennenses en 1952.

[4] Huelma es una localidad situada al sur de la comarca de Sierra Mágina, en la provincia de Jaén.

[5] *Romancero general en que se contienen todos los romances que andan impresos, aora nueuamente añadido y enmendado*, Impresor: Juan de la Cuesta (fl. 1604-1627).

[6] Los dos primeros versos serán recogidos por Gonzalo Correas en su *Arte de la lengua española castellana*, de 1625.

[7] Arcos de la Frontera será el lugar elegido por Pedro Antonio de Alarcón para El s*ombrero de tres picos*, como veremos, por andar este romance en pliegos sueltos.

[8] *Cancionero musical de Palacio. Cancionero musical de los siglos XV y XVI*, transcrito y comentado por Francisco Asenjo Barbieri. https://bdh-rd.bne.es/viewer.vm?id=0000010741&page=1

[9] Versos recogidos por Gonzalo Correas en su *Vocabulario de refranes* (1627).

[10] Estos versos aparecen en el *Romancero general* de Juan de la Cuesta de 1604.

[11] Luis Quiñones de Benavente (1581-1651) fue el más popular autor de entremeses del Siglo de Oro español.

[12] Luis Díaz Viana, Lucía Megino, Consuelo Rodriguez y Elena del Vado (1982): pp. 45-49.

[13] https://corpusdeliteraturaoral.ujaen.es/archivo/0714r-la-mujer-del-molinero-y-el-cura

[14] Instrumento idiófono que consta de un largo palo, realizado en madera, con sonajas incrustadas.

[15] Calañés, sa. 1. adj. Natural de Calañas, pueblo de la provincia de Huelva, en España. U. t. c. s. (…) 3. m. sombrero calañés (*DRAE*).

[16] El ATO es un portal para Internet desarrollado por la Fundación Joaquín Díaz y ofrecido on-line por el Museo Etnográfico de Castilla y León (Zamora), con el objeto de disponer de una herramienta útil y moderna para dar a conocer la historia oral de la comunidad de Castilla y León, a través de miles de testimonios grabados y recogidos desde mediados del siglo XX.

[17] https://cvc.cervantes.es/literatura/clasicos/quijote/edicion/parte2/cap29/cap29_02.htm#np25n

[18] Blas de Laserna y Nieva (Corella, Navarra, 1751-Madrid 1816). Compositor. Las primeras noticias musicales que hay sobre él lo sitúan en Madrid, ya como compositor de tonadillas, en torno a 1774. En 1776 sucedió a Antonio Guerrero como «músico de compañía», consiguiendo tres años después el nombramiento de «compositor de compañía». https://dbe.rah.es/biografias/31915/blas-de-laserna-y-nieva

[19] La tonadilla escénica se representaba en los siglos XVIII y XIX durante los intermedios de las comedias. Se trata de un género exclusivamente español. Se alternaban textos cantados y recitados. El compositor solía inspirarse en temas folclóricos muchas veces de origen andaluz. La tonadilla escénica supone un espectáculo teatral de una duración de 20 minutos. Extractado de José Subirá, *La tonadilla escénica: Morfología literaria. Morfología musical*, Tipografía de Archivos, 1929. https://es.wikipedia.org/wiki/Tonadilla#cite_ref-4

[20] Adoptó como seudónimo el nombre de la población ciudadrealeña de Fernán Caballero. El motivo según ella fue: «Gustome ese nombre por su sabor antiguo y caballeresco, y sin titubear un momento lo envié a Madrid, trocando para el público, modestas faldas de Cecilia por los castizos calzones de Fernán Caballero». Influyó en ella o bien que al ser lugar por el que pasara le gustara la resonancia del nombre o porque conociera un crimen pasional que tuvo amplio eco en la prensa del momento. https://es.wikipedia.org/wiki/Fern%C3%A1n_Caballero

[21] Fernán Caballero, *Vulgaridad y nobleza. Cuadros de costumbres populares*, tomo I, Est. Tip. de Muñoz y Reig, calle Cuesta de Ramón, 3, 1875. Publicación: Universidad de Alicante, Biblioteca Virtual Miguel de Cervantes, 2017, p. 613.

[22] *Ibíd.*, p. 727.

[23] *Ibíd.* p. 754. Esta estrofa también será recogida por Francisco Rodríguez Marín.

[24] J. M. Leal, «Los molinos y el ciclo del pan en la obra de Valle-Inclán», en *Revista de Folklore*, núm. 2014.

[25] Eliane Lavaud-Fage, «Un motivo folclórico en la narrativa de Valle-Inclán: el molino», en J. M. García de la Torre (ed.), *Diálogos hispánicos de Ámsterdam*, núm. 7. «Valle-Inclán (1866-1936). Creación y lenguaje», Ámsterdam, Rodopi, 1988, pp. 39-48. Citado por J. M. Leal en «Los molinos…», nota núm. 131.

[26] J. M. Leal, *op. cit.*

[27] *Ibídem.*

[28] Valle-Inclán, *La casa de Aizgorri (Sensación)*, vol. II, p. 1.447.

[29] P. A. de Alarcón, *El sombrero de tres picos*, 17ª edición, Madrid, Est. Tipográfico Sucesores de Rivadeneyra, Impresores de la Real Casa, Paseo de San Vicente, núm. 20, 1911, pp. 19-20.

[30] https://funjdiaz.net/a_canciones2.php?id=428

[31] Archivo de la Tradición Oral de Castilla y León es un portal para Internet desarrollado por la Fundación Joaquín Díaz y ofrecido on-line por el Museo Etnográfico de Castilla y León con el objeto de

disponer de una herramienta útil y moderna para dar a conocer la historia oral de la comunidad a través de miles de testimonios grabados y recogidos en localidades de Castilla y León desde mediados del siglo XX.

[32] Antti Aarne, «The Types of the folktales», Second Revision, *Folklore Fellows Communications*, núm. 184, Academia Scientiarum Fennica, Helsinki. ón de Stith Thompson, 1961.

[33] «El cura y la molinera» (disco: *25 cuentos tradicionales*). Vinilo, 1979, Movieplay / Serano. Voz: Joaquín Díaz. Productor: Joaquín Díaz. Técnico de sonido: Audiofilm.

[34] https://funjdiaz.net/joaquin-diaz-canciones-ficha.php?id=793

CAPÍTULO 4

[1] http://www.zarzuelalasolana.es/acaz.html

[2] http://www.xn—espaaescultura-tnb.es/es/artistas_creadores/luis_pascual_frutos.html

[3] https://es.wikipedia.org/wiki/Molinos_de_viento_(zarzuela) .

[4] Novela asturiana editada en Madrid en 1925, constituye un drama rural ubicado en la parroquia de Contrueces, a caballo entre los siglos XIX y XX, que tiene como eje un triángulo amoroso que termina trágicamente.

CAPÍTULO 5

[1] F. Baños Vallejo e I. Uría Maqua, *La leyenda de los santos (flos sanctorum del manuscrito 8 de la Biblioteca de Menéndez Pelayo)*, Santander, 2001, p. 227. Citado por F. Gutiérrez Baños, *Boletín del Museo del Prado*, vol. 28, núm. 46, 2010, p. 10. Dicho *flos sanctorum* castellano es una derivación vernácula de la *Legenda Aurea* de Santiago de la Vorágine.

[2] Extractado de F. Mershman (1908).

[3] https://m.facebook.com/story.php?story_fbid=2612086505705398&id=100007122210895?sfnsn=scwspwa&extid=l3l3DadyRpyRPpZZ

[4] En el pueblo se cuenta la leyenda de que un toro la sacó de la tierra con su cornamenta, en la Tejera, un monte cercano.

[5] G. Llompart, «San Cristóbal como abogado popular de la peregrinación medieval. Acotaciones a la talla gótica del Museo Marés de Barcelona, número 219», en *Revista de Dialectología y Tradiciones Populares*, núm. XXI, 1965, pp. 293-313.

[6] Información facilitada por Mario Sanz Elorza, directivo de ACEM.

[7] D. Peris, *Moral de Calatrava Conjunto Histórico* (CH CLM 4). www.diegoperis.com/moral-de-calatrava-conjunto-historico-ch-clm-4

CAPÍTULO 6

[1] «El *Cancionero sevillano* de la Híspanic Society (ca. 1568)», en *Nueva Revista de Filología Hispánica*, núm. 16, p. 220.

[2] Vid. el romance completo en el capítulo de Romances, p. 21, procedente del *Romancero general* de Juan de la Cuesta.

[3] Crego: clérigo, cura. https://www.significadode.org/gallego/crego.htm . Los clérigos dieron pie a una abundante fraseología impregnada de cierta retranca crítica y burlona en relación con su comportamiento sexual y su afección a la buena mesa, muestra de cierto anticlericalismo. https://www.wikiwand.com/gl/Os_cregos_na_cultura_popular_galega

[4] A. Machado, *op. cit.*, . 27.

[5] A. Fonteboa, *Literatura de tradición oral en El Bierzo*, p. 54.

[6] https://www.ogalego.eu/exercicios_de_lingua/exercicios/pasatempos/cantigas.htm

[7] Cantigas de Cregos, Fuente: *Cantar na Coruña*, Xosé Manuel Sánchez Rei. En esta web se recogen cuatro canciones que llevan al «muiño» en su título («Eu non sei que pasou no muiño» –dos versiones–, «Unha noite no muiño» y «Fun o muíño con Paula») y diez canciones que citan al molino entre sus versos («Eu non sei que ten a morena», «Toleaches pola peneira // A volta da festa», «A minha burriña», «Foliada de Nadela», «Cantiga de Berce», «Coplas de Espadelada», «Cantigas de Cregos II» y «Cantigas varias V, XIV y XVIII».

[8] Lamentablemente, Joan Amades no incluyó el texto de la canción en su artículo aduciendo que se trataba de un trabajo de carácter musical.

[9] Seguidillas manchegas. Informante: Gabina Lara Heras, de 83 años de edad, natural de Alcázar de San Juan (Ciudad Real). Recopiló: José Manuel Fernández Cano. Publicado en J. Díaz, «Canciones y cuentos», en *Revista de Folklore*, núm. 43, 1984. http://www.funjdiaz.net/folklore/07ficha.php?ID=380

[10] Cantado en Tarifa (Cádiz), en 1983, por Dolores Perea Rondón (49 años) y recogido por Carmen Tizón. Publicado por María Jesús Ruiz Fernández en *La tradición oral del Campo de Gibraltar*, p. 115. (Ruiz, 2007: 38, nota a pie de página núm. 27).

[11] También recogida en su libro *La seguidilla manchega. Origen y evolución*.

[12] Esta coplilla fue recogida por Francisco Rodríguez Marín. vid. p. 120, núm. 6.790.

[13] En el Fondo de Música Tradicional podemos ver una versión de Mieres (Asturias) grabada por Alan Lomax en 1952.

[14] En Youtube puede oírse un canto molinar con esta estrofa. https://www.youtube.com/watch?v=NNVzsMX0LKY

[15] Víctor Pliego de Andrés es catedrático de Historia de la Música del Real Conservatorio Superior de Música de Madrid.

[16] Citada por Rafael Cantero en su *Colección de seguidillas*.

[17] Estos cuatro versos anteriores coinciden con los primeros de la canción «Molinera, molinera», incluida en el CD *Cantares populares de Castilla de Narciso Alonso Cortés*, producido en 2005 por Luis Delgado y Javier Coble e interpretado por Joaquín Díaz y Elena Casuso. Narciso Alonso Cortés publicó los «Cantares populares de Castilla» en la *Revue Hispanique*, en 1914. https://funjdiaz.net/joaquin-diaz-canciones-ficha.php?id=243

CAPÍTULO 7

[1] H. Anglés, *Vida cristiana*, núm. 8, Barcelona, 1920, pp. 262-263.

[2] En el original consultado no figuran los versos en negrita (*) que sí incluye Llompart.

[3] Suponemos que los sonidos onomatopéyicos (ti, ti…) imitan los ruidos del molino

[4] https://archive.org/details/romancerillocata00mily/page/20/mode/2up?view=theater&q=molinet

[5] Citado en Llompart (1969: 260).

[6] *Íbídem*. (261).

[7] *Íbídem*.

[8] https://es.wikipedia.org/wiki/Anexo:Trovadores_de_Alemania

CAPÍTULO 8

[1] https://museo-etnografico.com/antropofonias3.php?idtema=6&id=629&idcom=629

[2] https://museo-etnografico.com/antropofonias/antropofonia006029.mp3

[3] Así denominada por Milá i Fontanals en su *Romancerillo catalán*, p. 442 (Pedrell 2022: 65).

[4] *Cancionero del Conde Marialva (Ibídem)*.

[5] M. García Matos, *Antología del folklore musical de España*.

CAPÍTULO 9

[1] Luis Villalba Muñoz (Valladolid, 22 de septiembre de 1873?-Madrid, 9 de enero de 1921). Agustino (OSA), fue maestro de capilla del Real Monasterio de El Escorial.

[2] El folklorista mosén Antonio Pont Llodrà fue director de la famosa Sa Capella de Manacor.

CAPÍTULO 10

[1] Forma sincopada de anteayer.

[2] Joroba, como Jorobeta, apodo que se suele dar á los jorobados.

[3] Suponemos que el autor obvió la palabra «culo» poniendo su inicial.

[4] *Ibídem*.

[5] En nota a pie de página núm.191, Rodríguez Marín anota que esta adivinanza se corresponde con dos enigmas de la colección de Hilaire le Gay, pp. 21 y 466. El francés:
Sans eau je bois de l'eau, triste effet du destin: Mais beaucoup d'eau me fait boire du vin.
— Mennier.
El italiano:
Non mi trovo aver acqua, ne bevo altro che acqua, e s'io avessi dell' acqua al mio dominio, acqua mai non beverei, má sempre vino.
— Molinaro.

[6] «Así de mis apuntes. Lafuente dice:
Entre Úbeda y Baeza (Jaén)
hay un molino que muele
azúcar, canela y clavo:
lo que mi morena tiene».
(Rodríguez, 1882-1883: nota a pie de página núm. 169).

[7] «La palabra *belenes* es andaluza y se emplea en la acepción de plamplinas y otras muchas. En esta bellísima copla creemos que está en sentido de *líos y enredos*. *Estar en Belen* (estar atontado), *Tener un belen* (estar en relaciones ilícitas con una mujer) y *belenes*, etc., son frases populares muy dignas de estudio. Poner la cabeza *como un molino que muele* es un símil de primer orden y sumamente expresivo». (Demófilo, *Colección de cantes flamencos*, p. 40). (Rodríguez, 1882-1883: nota a pie de página núm. 221).

[8] *Con agua pasada, no muele molino* (refrán) (Rodríguez, 1882-1883: nota a pie de página núm. 4).

[9] Estrofa recogida también por Fernán Caballero,

CAPÍTULO 11

[1] E. Vasco (1929): tomo I, p. 34.

[2] El molino de Pedro de Angulo, ubicado en un caz del río Gigüela, aparece en las *Relaciones Topográficas de Felipe II* (1575), respuesta 22, para la localidad de Arenas de San Juan (Ciudad Real).

[3] Esta seguidilla recoge los nombres de los molineros (arrendatarios y/o trabajadores del molino).

[4] Molemocho albergaba un molino harinero de cuatro piedras y, al menos desde 1668, un batán.

[5] Malvecinos, como ya se ha comentado, fueron dos molinos situados uno frente al otro, en el cauce del río Guadiana, en término municipal de Carrión de Calatrava. La seguidilla muestra la rivalidad entre este pueblo y Daimiel. Antonio Vallejo (1990: 239) recoge otra cuarteta relativa a los dos molinos de Malvecinos:

De los Malvecinos vengo
y muelo en la Batanera
traigo la mejor harina
que se muele en la ribera.

[6] El molino de Flor de Ribera, construido en 1547, está situado en término municipal de Torralba de Calatrava, pero el río Guadiana que lo baña tiene una margen en Daimiel y otra en Torralba.

[7] Hace referencia al molino de Puente Navarro, situado entre los otros dos citados. Aparece también en la visita de la Orden Militar de Calatrava de 1422 como «el molino del Navarro».

[8] El Jabalón es un afluente del río Guadiana.

[9] https://www.youtube.com/watch?v=vnVhPXFRCi4

[10] Alude esta seguidilla a las mozas de Villanueva de los Infantes (Ciudad Real).

[11] Isidoro Jiménez (2005): p. 339, recoge esta seguidilla como una copla de Orgaz (Toledo).

[12] Rafael Cantero Muñoz recoge en su libro *La seguidilla manchega. Origen y evolución* una seguidilla muy parecida a esta: «*Las molineras tienen // lindos vestidos //, con el trigo que roban // a los vecinos*».

[13] También es recogida en M. L. Escribano Pueo, T. Fuentes Vázquez, F. Morente Muñoz y A. Romero López, *Cancionero granadino de tradición oral*, Granada, Universidad, 1994 núm. 253.

CAPÍTULO 12

[1] https://es.wikipedia.org/wiki/Manuel_Garc%C3%ADa_Matos

[2] https://www.biografiasyvidas.com/biografia/g/garcia_matos.htm

[3] Felipe Pedrell, que los consideró una subclase de las «Coplas festivas y típicas de costumbres», documentó hasta 29 «alalás» gallegos en su *Cancionero musical popular español*, tomo 2º.

[4] Sabinosa es una localidad del municipio de Frontera en la isla de El Hierro (Santa Cruz de Tenerife, Islas Canarias). El nombre proviene de la abundancia de sabinas en la zona.

[5] CIOFF: Consejo Internacional de Organizaciones de Festivales de Folklore y de Artes Tradicionales.

[6] INAEM: Instituto Nacional de las Artes Escénicas y la Música (Ministerio de Cultura y Deporte).

[7] Ripo: peine de púas de acero.

CAPÍTULO 13

[1] S. Vega Sombría, «Agapito Marazuela Albornos, el músico del pueblo», en *Nuestra Historia*, núm.4, 2017, pp. 234-239.

[2] A. Marazuela Albornos, *Cancionero segoviano*, Segovia, Jefatura Provincial del Movimiento, 1964.

[3] https://www.youtube.com/watch?v=Zu__rvEXDkE

CAPÍTULO 14

[1] El Instituto Español de Musicología le concedió, en el año 1946, el segundo premio; el año 1947 obtuvo el primer accésit; el año 1948 consiguió un premio extraordinario y, además, el primer premio de recogida de canciones de la Delegación Nacional de la Sección Femenina; y el año 1949, otro premio extraordinario de Musicología, todo ello por sus investigaciones sobre el folklore manchego, siendo repetidas veces becario del citado instituto. En marzo de 1958 la Fundación Juan March le concedió una pensión para realizar investigaciones musicales en Francia y Holanda.

[2] En el Catastro del marqués de la Ensenada figuran los 34 siguientes: El Poyatos, El Pereo, El Burillo, El Paletas, La Charquera, El Alambique, La Tahonilla, El Castaño, El Aburraco, El Esteban, El Lisado, El Pilón, El Guindalero, El Culebro, El Burla-pobres, El Infanto, El Horno de Poba, El Escribanillo, El Tardío, El Gambalúas, El Condado, La Huerta-mañana, El Zaragüelles, La Cana, El Lagarto, El Carcoma, El Ranas, El Beneficio, La Quimera, El Calvillo, El Valera, El Guizepo, El Cervadal y El Pinto Cerrillo.

[3] H. Castillo, «En la ruta de Don Quijote», en *Revista de la Universidad*, núm. 15, Universidad Nacional de la Plata, República Argentina, 1961, p. 195.

[4] https://www.liederabend.cat/ca/bloc/entrades/634-el-molinero-de-antonio-jose

[5] *Ídem.*

[6] Emilio Ros-Fábregas, Sergio Portales Domínguez, «La molinera / El maquilandero», Fondo de Música Tradicional IMF-CSIC, ed. E. Ros-Fábregas (fecha de consulta: 9 de febrero de 2025), https://musicatradicional.eu/piece/23704

[7] Kurt Schindler (1882-1935) fue un folklorista alemán nacionalizado estadounidense. Schindler recopiló cerca del millar de melodías en sus estancias de 1929, 1930 y 1932, visitando en total 150 localidades españolas y 8 portuguesas. Su primer viaje, en su mayor parte por la provincia de León, duró siete meses (otoño/invierno de 1929). En el total de la obra fueron sin embargo Soria, Cáceres y Ávila las provincias españolas con mayor número de canciones publicadas.

[8] Pedro Echevarría Bravo anotó: «Dictado por el carbonero Pedro Olmedo Lomás natural y vecino de Tomelloso (Ciudad Real) el cual lo oyó a sus padres y abuelos en las reuniones que celebraban en las "Quinterías". Tiene 55 años y se recogió dicho romance el 15 mayo 1946».

[9] Emilio Ros-Fábregas, Ana Mónica Hernández Pichardo, «Las Lagunas de Ruidera», Fondo de Música Tradicional, IMF-CSIC, edición de E. Ros-Fábregas (fecha de acceso: 17 de enero de 2023), https://musicatradicional.eu/es/piece/26218

[10] El antiguo molino de Mirabetes fue convertido en fábrica de luz en 1904.

CAPÍTULO 15

[1] J. Caro Baroja, "Los «diablos» de Almonacid del Marquesado", en *Revista de Dialectología y Tradiciones Populares*, tomo XXI, 1965, cuadernos 1 y 2, pp. 40-62.

[2] https://www.laendiablada.com/diablosydanzantas.php

[3] Extractado de J. Sánchez Martínez, «Las danzas de Almonacid del Marquesado (Cuenca)», en *Consonancias, Revista del Conservatorio Superior de Música de Castilla-La Mancha*, 2021.

[4] https://www.laendiablada.com/danzantas.php

[5] https://www.laendiablada.com/danzantas.php

[6] https://cuevasdevelasco.blogspot.com/2016/04/de-la-danza-en-la-pesquera-la-danza-de.html

[7] A. Ballesteros Collado, *Historia de las Cuevas de Velasco*, Cuenca, 1980.

[8] Ya hemos visto la antigüedad de estos versos, al ser recogidos por Gonzalo Correas (vid. p.18) y por Tirso de Molina (vid. p. 35).

[9] https://cuevasdevelasco.blogspot.com/2016/04/de-la-danza-en-la-pesquera-la-danza-de.html

[10] J. Torralba, *El cancionero de la provincia de Cuenca*, 1982.

[11] Vuelven a utilizarse los famosos versos que Gonzalo Correas (1627) incluyó en su obra *Vocabulario de refranes y frases proverbiales…* y que Tirso de Molina empleó en su «Al molino del amor» (vid. nota núm. 8).

CAPÍTULO 16

[1] Francisco Rodríguez Marín (1855-1943) fue un folclorista, paremiólogo, lexicólogo, cervantista y poeta español. Dirigió durante muchos años la Biblioteca Nacional de Madrid y fue académico de la Historia y de la Real Academia Española, que llegó a dirigir.

CAPÍTULO 17

[1] En la actualidad tiene 104 habitantes (INE, 2022) pero en 1920 llegó a tener 514. El viejo molino medieval, en la misma confluencia con la carretera de Hueva, ha desaparecido por la falta de atención, solo existen restos (https://es.wikipedia.org/wiki/Renera#Historia)

[2] Esta costumbre aún se conserva en Porzuna (Ciudad Real) la madrugada del 1 de mayo, con motivo del canto de los mayos.

[3] Muy parecido al recogido en Miguelturra por María del Castillo González (vid. p. 91).

CAPÍTULO 18

[1] Ana María Marfil Gutiérrez (1924-2013) nació en Horcajo de los Montes (Ciudad Real) y falleció en Toledo.

[2] Joan Graells Prat nació en Calaf (Barcelona) el 25 de agosto de 1941.

[3] Jerónimo Anaya aconseja que los versos aparezcan en modo mayor.

[4] Anselma Fernández de Mera nació en Torralba de Calatrava (Ciudad Real) el 6 de febrero de 1910 y falleció el 8 de mayo de 1992.

CAPÍTULO 19

[1] Ciazo: deformación de cedazo: Del lat. vulg. *saetaceum*'criba de cerdas', y este der. del lat. saeta 'cerda, crin'. 1. m. Instrumento compuesto de un aro y de una tela, por lo común de cerdas, más o menos clara, que cierra la parte inferior. Sirve para separar las partes sutiles de las gruesas de algunas cosas, como la harina, el suero, etc. (*DRAE*)

[2] La piedra batanera revela el uso de parte del molino de Malvecinos como batán.

[3] La canción *Los molinos de la Mancha* fue presentada en el X Festival Español de la Canción de Benidorm en 1968, con letra de Ramón Simó y música de José Solá.

[4] Los Gritos fue un grupo de pop español formado en Fuengirola, a finales de los años 60, por Manolo Galván (vocalista, bajista y compositor), José Ramón Moreno Muñoz (batería), José Sierra Blanco y Francisco Doblas Vega (guitarristas). https://es.wikipedia.org/wiki/Los_Gritos

[5] Nuestra Tierra es un grupo de Álora (Málaga) que interpretó el «Fandango de la molinera» en el IX Certamen Nacional de Música Folk de Tarifa (1985).

[6] Compuesta por David Mateos Rosete, Gema García del Pozo, Iván Fernando Vega Caso, Pablo Valdés Garro, Paul Balmorí Pérez, Roberto Suárez Alonso y Xandru Martino Ruz. https://www.letras.com/corquieu/la-molinera/#radio:corquie

[7] https://despertarelayer.com/repertorio/

[8] El videoclip puede verse en https://youtu.be/762JykulBMU

[9] F. Rivas, *Traca-traco. 24 Cantigas de nanar. Aloumiño e un arrolo*.

[10] «Traca traca traca traco. Traca traca traca traco. Que así nació la muñeira [danza tradicional gallega que se baila girando un grupo de personas]. Una noche no sé cuándo. La muela [pieza redonda de piedra con un hueco en el centro, que gira sobre otra fija, pie, produciendo la molturación del grano] y un grano de avena. Se dieron un beso en los labios. Que no se diga muchacha. Que el molino no hace milagros. Nos da el pan cada día. Y hasta niños hermosos».

[11] El grupo Vigüela nació a mediados de los años 80 en El Carpio de Tajo (Toledo) y cultiva la música tradicional del centro de la Península Ibérica.

[12] Miguel Ángel Montesinos se define como un «estudiante autodidacta eterno de todo lo relacionado con el baile "a la antigua" propio de la zona sureste de España». Recoge el testigo de su tradición familiar dedicada a los mundos tradicionales y actualmente dirige la Escuela de Folklore «Caldo de Pésoles» en La Albalatía (Murcia). https://caldodepesoles.com/miguel-angel-montesinos/

[13] https://www.youtube.com/watch?v=h-oRmI2Ca7s

[14] https://www.youtube.com/watch?v=h-oRmI2Ca7s

[15] Tajamar es una asociación dedicada al estudio de la arquitectura tradicional.

[16] Carrasca: Instrumento idiófono de percusión, estaba constituida por dos listones de madera, uno de los cuales presentaba una serie de suaves ondulaciones continuas, por las que se deslizaría, frotando, el otro listón y, fruto de lo cual, se produciría un ruido tremolado (con color tímbrico a madera)… se apuntaban seis u ocho clavos por los que se deslizaban varias láminas circulares aplanadas [chapas]… mixtura tímbrica… (Antonio y Javier Vallejo, *Pastores de antaño…*, Ciudad Real, Biblioteca de Autores Manchegos, 2000, pp. 240-241, 249-250).

[17] https://www.youtube.com/watch?v=pyvw9cADHcc

[18] Otra versión: https://www.youtube.com/watch?v=NNVzsMX0LKY;

[19] https://cadenaser.com/emisora/2017/01/16/radio_leon/1484584373_629449.html

[20] Vanesa Muela Labajo (Laguna de Duero, Valladolid, 1978) es una cantante, multi-instrumentista y divulgadora de la música tradicional, licenciada en Historia y especialista en Estudios sobre la Tradición. Ha realizado un trabajo de investigación folklórica en todas las provincias de Castilla y León y pasea nuestro folklore por todo el mundo. https://es.wikipedia.org/wiki/Vanesa_Muela

[21] https://www.facebook.com/VanesaMuela.Musicatradicional/videos/441450718110474

BIBLIOGRAFÍA Y FUENTES

[1] «Antigua pieza que se convirtión en tradicional también en esta montaña. Mariano la aprendió, antes de la Guerra Civil, de unos ciegos que iban vendiendo romances. Como él mismo apunta, y todos podemos observar, varía sensiblemente de las versiones que en la actualidad interpretan otros músicos y grupos folklóricos». (Carpeta del CD, Archivo Pirenaico del Patrimonio Oral).

[2] El autor de «Molinos» es Francisco Pozo Jiménez, natural de Terrinches (Ciudad Real).

[3] «La molinera» fue cantada por María Rodríguez en Suertes de Ancares (municipio Candín, León).

[4] La Jambre es una formación jerezana de música folk andaluza creada a principios de 2003. En 2005 salió a la luz su primer álbum *Saltalindes*, siendo preseleccionado en la categoría a «mejor álbum de música tradicional» para la X Edición de los Premios de la Música de la Academia de las Artes y las Ciencias de la Música.

[5] https://youtu.be/hPgQLBhvGww

[6] JORCAM es el acrónimo de la Joven Orquesta y Coro de la Comunidad de Madrid.

Alcázar de San Juan, corazón de La Mancha [Material gráfico].]: [danzantes ante el molino Rocinante]. Alcázar de San Juan: Vda. de Moisés Mata, [1977], Centro de Estudios de Castilla-La Mancha-UCLM.

«No seríamos hijos del que mostró el camino
que habíamos de seguir,
si se nos olvidara nombrarle al erigir
en el aire las aspas de nuestro molino».

EDUARDO MARQUINA
(*Homenaje a don Miguel de Cervantes Saavedra*)

Caballeros de ideal. Fotografía de Eduardo Matos, 1962. Centro de Estudios de Castilla-La Mancha (UCLM)).